TEUBNER *kochen | erleben*

DAS KLEINE BUCH VOM

SALZ

DAS KLEINE BUCH VOM SALZ

Fotos: Matthias Hoffmann, Frauke Koops
Texte: Ingrid Schindler, Bärbel Schermer

WARENKUNDE 8

KÜCHENPRAXIS 54

Zwischen Mythen, Fakten – *und Geheimnissen*

REZEPTE 80

Alle Rezepte sind für 4 Personen berechnet, sofern nichts anderes angegeben ist.

Amuse-Gueules, Salate, Brot, Dips und Saucen, kalte Suppen, kleine Zwischengerichte oder Vorspeisen, veredelt mit den unterschiedlichsten Salzen: von Ananas-Gurkensalat mit Chili-Pfeffer-Salz und Gazpacho mit Olivensalz über Kalbfleischröllchen mit Rote-Bete-Salz bis hin zu Focaccia-Variationen.

Geflügel, Fleisch, Fisch, Meeresfrüchte und Gemüse als Zwischen- oder Hauptgang, in Salzkruste, Salzteig oder mit aromatischen Salzen gewürzt: von Poularde mit Salzzitrone und Halsgrat mit Bärlauch-Zitronensalz über Roastbeef im Gewürz-Salzteig oder Lammkaree mit Ananas und Ingwersalz bis hin zu Kabeljau mit Himbeersalz und Pommes mit Thai-Style-Würzsalz.

Ausgefallene Kreationen mit Salz aus der Nachspeisenküche und Backstube: von süßem Tomatensorbet mit Basilikumsalz über Schokoladenkonfekt mit Orangensalz bis hin zu Karamelltarte mit Fleur de Sel.

Eintauchen in die Welt der Salze

Ein Buch über Salz, jene unscheinbare Substanz, die in Tischstreuern ihr Dasein fristet? Ja, denn Salz ist mehr: Vielfältig und aromatisch verleiht es das gewisse Etwas.

GUTES SALZ ist wertvoll: Als ein in fast beliebiger Menge lieferbarer Rohstoff wird es heute zwar eher gering geschätzt, doch ist es gerade diese »Allerweltswürze«, die es bei Gourmets zu neuem Ansehen gebracht hat. Im Mittelpunkt dieser neuen Salz-Wertschätzung steht dabei qualitativ hochwertiges, möglichst naturbelassenes Salz, das neben feinsten Geschmacksnuancen je nach Herkunftsort und Gewinnungsart auch eine kreativ einsetzbare Vielfalt von Körnungen und Farben präsentiert (S. 40 ff.).

QUALITÄT LOHNT SICH

Es lohnt sich durchaus, hier in beste Qualität zu investieren: Wer jemals feine Salzblüte gekostet oder mit hocharomatischem Himalaya-Salz oder auch Lavasalz gewürzt hat, wird die Verwendung von industriell raffiniertem Speisesalz freiwillig kulinarisch beschränken.

Ambitionierte Köche sichern sich beste Aromaqualität auch, indem sie Gewürzsalze und Salzmischungen selber herstellen. Was es dabei zu beachten gibt, beschreibt die Küchenpraxis (S. 58 ff.). Hier finden Sie alles, was bei der praktischen Verwendung von Salz wichtig ist: von der Frage, welches Salz sich für welchen Zweck eignet, über den richtigen Zeitpunkt des Salzens bis hin zu grundlegenden Techniken, wie z. B. Konservieren mit Salz.
Dass die Vielfalt der Salze die Fantasie beim Kochen beflügelt, zeigen die Rezepte von unseren Spitzenköchen (S. 80 ff.): Hier erstrahlen auch herkömmliche Kochtechniken wie Salzbett, Salzmantel oder Salzteig in neuem Glanz. Von Profis für Sie kreiert und von uns akribisch erprobt und getestet, verführen sie zu ganz neuem Salzgenuss. Wir wünschen Ihnen also viel Vergnügen beim Lesen, Kochen und Genießen!

WARENKUNDE

Das »weiße Gold«...

...wiederentdecken

Im Fokus: Salze aus aller Welt

Industrierohstoff oder Speisenwürze: Salz ist ein vielfältiger Stoff, der einst als kostbares Gut wertgeschätzt wurde, dann zur Massenware verkam und heute eine Renaissance erfährt.

HOCHWERTIGE, feinaromatische Salze für die Gourmetküche sind mittlerweile aus der ganzen Welt verfügbar; einschlägige Fachhändler bieten ein großes Sortiment bester Qualitäten (S. 184) und auch im Supermarkt nebenan findet man bereits das ein oder andere Produkt. Doch es gilt, gute Qualität zu erkennen: Neben wirklich hochwertigen Salzen mit einem Mehr an Aroma bietet der Handel leider auch eine Vielzahl an vermeintlich guten Salzen, meist aromatisierte Salzmischungen, die weit hinter den (berechtigten) Erwartungen des Verbrauchers zurückbleiben.

AUGEN AUF BEIM KAUF

Um dies bereits vor dem Kauf zu erkennen, braucht es das richtige Know-how, das Ihnen die folgende Warenkunde vermittelt (S. 12 ff.). Hier erfahren Sie nicht nur die Unterschiede zwischen Stein-, Koch- und Meersalz, sondern auch, wo der Ursprung aller Salze liegt. Ein Exkurs in die Geschichte des Salzes zeigt die wandelvolle Bedeutung von Salz im Laufe von sechs Jahrtausenden. Dabei wird deutlich, dass die Salzqualität nicht nur von der Salzart und dem jeweiligen Herkunftsort abhängt, sondern auch von der Art der Salzgewinnung (S. 30 ff.). So existieren bis heute neben modernster Technologie auch archaische Methoden, die unverwechselbare Salze hervorbringen. Ein Überblick über die (bunte) Vielfalt der wichtigsten Salzsorten, ihre Herkunft und ihre kulinarische Qualität runden das Kapitel ab (S. 40 ff.). Denn: Nur wer den Markt kennt, kann die Möglichkeiten kreativ ausschöpfen.

Die weite (Einkaufs) Welt des Salzhandels

Leider bietet der Einzelhandel noch nicht überall die Salzvielfalt, die man sich wünschen würde. Abhilfe schafft das Internet: Die besten Online-Bezugsquellen finden Sie auf Seite 184 zusammengestellt.

Was ist eigentlich Salz?

Ob Kochsalz, Steinsalz oder Halit: Die Namen umschreiben alle denselben Stoff – in ganz unterschiedlichen Formen.

- Salz wird je nach Art der Gewinnung als Stein-, Meer- oder Siedesalz bezeichnet.
- Fremdsprachliche Bezeichnungen für Salz sind z.B. salt (engl.), sel (frz.) oder sal (span.).

Salz in der Wissenschaft

Streng wissenschaftlich betrachtet meint der Begriff Salz eine Stoffklasse: Salze sind chemische Verbindungen, die eine definierte Zusammensetzung aus verschiedenen Elementen aufweisen (meist Metalle und Nichtmetalle), und als Ionen, d.h. kleinste geladene Teilchen, in Form eines sogenannten Kristallgitters angeordnet sind. Viele Salze sind bei Raumtemperatur kristallin, d.h. fest, recht hart, aber spröde, und weisen bei mechanischer Bearbeitung glatte Bruchkanten auf. Nicht alle Salze sind ungefährlich: Während Natriumchlorid als Würzmittel eingesetzt werden kann, sind andere Salze, wie Natriumnitrit (Düngemittel) oder Kaliumcyanid (Galvanisieren), schon in geringer Dosis giftig.

Was bedeutet »Salz«?

Wird der Begriff Salz etymologisch untersucht, also die Frage nach seiner Herkunft gestellt, lassen sich mehrere Bedeutungen ableiten, wobei die genaue Herkunft des Wortes nicht eindeutig geklärt ist. Die Wortwurzel liegt vermutlich im indogermanischen »sal«. Der Begriff Salz hatte – ebenso wie »Hall«, das mittelhochdeutsche Wort für Salz – einen sprachformenden Einfluss; dies gilt als Beleg dafür, welche wichtige Bedeutung Salz in früherer Zeit hatte. Beide Begriffe sind häufig (und das nicht nur in unserem Kulturkreis) Bestandteil von Ortsnamen mit »salziger« Vergangenheit (z.B. Salzburg, Hallstatt, Bad Reichenhall, Saltlake City, Solimansk, Salsomaggiore, Île de Sal) oder »Salzflüssen« (z.B. Salzach, Saale). Aus dem »salarium« (lateinisch), dem Anteil des Soldes, der in Salz ausgezahlt wurde, leitet sich der bis heute für Lohn und Gehalt von Beamten und Soldaten gebräuchliche Begriff Salär ab (S. 46). Und auch in der mineralogischen Bezeichnung für Salzkristalle (Halit) sowie im Begriff Halurgie, der historischen Bezeichnung für die Lehre von der Gewinnung und

Herstellung von Kochsalz, ist der Wortstamm bis heute enthalten.

Koch- und Tafelsalz

Im allgemeinen Sprachgebrauch – und in diesem Sinne wird der Begriff im Folgenden in diesem Buch verwendet – ist mit Salz nur Speisesalz gemeint, das auch als Koch- oder Tafelsalz bezeichnet wird und in der Ernährung als Würzmittel eine sehr lange Tradition hat. Es besteht nahezu vollständig aus Natriumchlorid mit einem sehr geringen Anteil an anderen Salzen (bis zu 3 %), z. B. Magnesiumchlorid. Viele Salze sind wasserlöslich – so auch Kochsalz; die Weltmeere enthalten zwischen 35 g (z. B. Mittelmeer) und ca. 340 g (Totes Meer) Salz pro Liter Wasser. Eine unterirdisch vorkommende Salz-Wasser-Lösung wird Sole genannt (aus spätmittelhochdeutsch »sul« bzw. »sol« = Salzbrühe). Auch aus ihr kann Kochsalz gewonnen werden (sogenanntes Siedesalz, S. 31 ff.).

Steinsalz und Halit

Salz trägt jedoch auch noch ganz andere Namen: In der Geologie wird Salz als Steinsalz bezeichnet. Es besteht fast ausschließlich aus Natriumchlorid und weist nur geringe Beimengungen anderer Minerale auf, etwa Gips oder Sylvin. Unterirdische Steinsalzvorkommen lassen sich bergmännisch oder mithilfe von Salinen (S. 30 f.) abbauen. Im Handel wird Steinsalz gelegentlich auch als Kristallsalz bezeichnet, wenn es eine augenscheinliche (brockenartige) Kristallform aufweist. In der Mineralogie heißt ein solches Kristallsalz Halit. Ob Steinsalz, Kristallsalz oder Halit: Im Prinzip sind alle diese Salze genusstauglich.

Halite sind meist würfelförmige Kristalle von körniger bis massiger Gestalt. Sie glänzen glasartig und sind farblos oder weiß, grau, rot, gelb oder auch blau gefärbt.

Salz: existenziell und tödlich

Einst im Urozean war Salz der Nährstoff für erste Lebewesen (z.B. Algen, Bakterien). Bis auf den heutigen Tag existieren noch solche einfachsten Organismen, die Salz als lebensnotwendigen Nährstoff benötigen, ohne den sie nicht lebensfähig wären, etwa spezielle Einzeller im Toten Meer. Diese vertragen sogar im Gegensatz zu höheren Lebewesen die dort herrschende extrem hohe Salzkonzentration von etwa 34 % recht gut.

BEDARF UND WIRKUNG

Doch auch höher entwickelte Organismen benötigen Salz – wenn auch in weitaus geringerer Menge. Die Wissenschaft diskutiert nach wie vor, wie hoch der Salzbedarf eines Menschen tatsächlich ist. Neueren Erkenntnissen folgend schätzt man, dass der Mensch einen durchschnittlichen Salzbedarf von etwa 1,4 g pro Tag aufweist, bei Tieren liegt er meist deutlich höher. Die Salzbestandteile Natrium und Chlorid erfüllen im Körper lebenswichtige Aufgaben: Sie sind an der Regulierung des Wasserhaushalts beteiligt und Bestandteil der Körperflüssigkeiten, spielen bei der Erregbarkeit von Nerven eine tragende Rolle und bei der Bildung von Verdauungssäften. Ein kompliziertes System aus über 100 Rezeptoren und Mechanismen reguliert den Salz- und Wasserhaushalt auf relativ konstantem Niveau, wobei Salzüberschuss und -mangel stetig ausgeglichen werden. Dennoch kann Kochsalz tödlich sein – zumindest theoretisch: Experten geben den Letalwert für Menschen mit einer Dosis von 3 g pro Kilogramm Körpergewicht an, einer Menge, die allenfalls krimitauglich erscheint.

MANGEL UND ÜBERSCHUSS

Während Salzmangel heutzutage praktisch kaum vorkommt – außer in Extremsituationen (z.B. Wüste, Extremsport) oder bei Erkrankungen (z.B. Diarrhö) –, ist Salzüberfluss die Regel: Ärzte und Ernährungswissenschaftler raten zu einer maximalen Salzdosis von unter 5 g pro Tag, was etwa 1 gestrichenen Teelöffel Kochsalz entspricht. Das mag zunächst vermuten lassen, die Menge würde zum Würzen pro Tag ausreichen. Doch weit gefehlt: Im Alltag wird die empfohlene Maximaldosis weitaus überschritten, denn laut statistischen Erhebungen beträgt der durchschnittliche Salzkonsum pro Person in entwickelten Ländern zwischen 8 und 16 g pro Tag. Der größte Anteil davon (80 %) entfällt jedoch gar nicht auf Salz, das man selbst beim Kochen verwendet, sondern versteckt sich in verarbeiteten Lebensmitteln, wie z.B. Brot, Fertiggerichte, Wurst

Selbst für einen so einfachen Stoff wie Kochsalz gilt das Motto: Die Dosis ist entscheidend.

oder Käse (S. 154 f.). Ein Blick auf die Zutatenliste lohnt sich also in Sachen Salzkonsum durchaus – ebenso wie der häufigere Griff zu Topf und Kochlöffel statt zu Fertiggerichten; so lässt sich der Salzkonsum bewusster steuern.

Kann das Salz-Gleichgewicht im menschlichen Körper über längere Zeit nicht erreicht werden, sind ernsthafte Erkrankungen die Folge. Mangel an Salz führt beispielsweise zu Kreislaufbeschwerden und Erschöpfungszuständen, zu Störungen der Nieren- und Muskelfunktion. Zu viel Salz belastet vor allem die Nieren und das Herz. In diesem Zusammenhang werden eine Reihe von Zivilisationserkrankungen diskutiert, wie etwa Bluthochdruck oder auch Herz-Kreislauf-Erkrankungen. Auch hier gilt: Die Dosis (und die genetische Disposition) entscheidet.

Der Ursprung des Salzes *Woher kommt das Salz? Letztendlich stammt alles Salz aus dem Meer – und das Entstehungsprinzip funktioniert bis auf den heutigen Tag.*

- Der Ursprung von Salz liegt im Meer.
- Salzlagerstätten entstehen auch heute noch.
- Die europäischen Salzlager entstanden in zwei Zeiträumen: vor etwa 200 sowie vor etwa 20 Mio. Jahren.

Wo das Salz herkommt

Die Geschichte des Salzes ist älter als die der Menschheit. Schon die Urozeane enthielten reichlich gelöste Mineralien, die aus Verwitterungsprozessen und Ausschwemmung von Urgestein stammten. Sie waren die Grundlage für die Entstehung von Salzlagerstätten. Im Verlaufe der Erdgeschichte gab es mehrere Phasen der intensiven Salzbildung, die älteste, so die Erkenntnisse der Geowissenschaftler, lag vor mehr als 500 Millionen Jahren.

Das Entstehungsprinzip

Über 90 % der heute bekannten Salzlagerstätten entstammen ursprünglich dem Meer – auch wenn sie heute weit im Landesinneren liegen. Ursprünglich war die ganze Erde mit salzhaltigem Wasser bedeckt. Nach der sogenannten Barrentheorie des schwedischen Geologen Ochsenius hat sich dieser Urozean vermutlich durch tektonische Verschiebungen in mehrere kleinere Urozeane umverteilt, die durch Erderhebungen (sogenannte Barren) begrenzt wurden. Da kein Wasser zulaufen konnte, begann das Meerwasser zu verdunsten. Die darin gelösten Stoffe reicherten sich so lange darin an, bis das maximale Lösungsvermögen des Wassers erreicht war, dann fielen sie aus und lagerten sich als Kruste ab (Sediment). Dieses Entstehungsprinzip funktioniert bis heute.

LÖSUNG UND FÄLLUNG

Da die einzelnen Elemente im Wasser unterschiedlich gut löslich sind, fallen sie nicht alle gleichzeitig aus, sondern erst beim Erreichen unterschiedlich hoher Konzentrationen. So kommt es (auch heute noch) zur Sedimentschichtung: Calciumcarbonat (Kalk) fällt am schnellsten aus, ab einer Konzentration von etwa 4 bis 6 % folgt Calcium-Magnesium-Carbonat (Dolomit) und von

6 bis 27 % folgen Calcium-Sulfat-Verbindungen (Gips und Anhydrit). Bis zu dieser Konzentration widerstehen Natrium und Chlor, die Elemente, aus denen Kochsalz besteht, der Ausfällung aufgrund ihrer guten Löslichkeit. Bleibt nun weitere Wasserzufuhr aus und steigt die Konzentration der noch gelösten Elemente durch Verdunstung weiter, so fallen auch Natrium und Chlor aus und bilden Kochsalz (Natriumchlorid).

GESCHICHTET IN DER ERDE

Sinkt nun erneut die Konzentration an gelösten Stoffen, etwa durch erneuten Wasserzustrom, endet die Salzablagerung und es werden wieder Gips, Anhydrit, Dolomit oder Carbonatverbindungen abgelagert. Der stete Zufluss von Wasser aus Bächen, Teichen und Flüssen ins Meer mit den darin gelösten Stoffen gewährleistet den »Nachschub«. So entstand und entsteht bis heute Sedimentgestein, zu dem auch das Steinsalz gehört. Gleichzeitig bleibt auf diese Weise die Salzkonzentration in den Weltmeeren relativ konstant bei etwa 3,5 %.

Die Ablagerung von Natrium und Chlorid in Form von Steinsalz erfolgt zunächst mehr oder weniger horizontal. Da das Salzgestein jedoch relativ plastisch ist, wird es bei Bewegungen der Erdkruste zunehmend von anderen Gesteinen überlagert und durch Druck verformt; es weicht dem Druck aus und bewegt sich dabei zum Teil auch nach oben, da es aufgrund seiner geringen Dichte zu den leichtesten Gesteinen zählt. Auf diese Weise kann aus einer horizontalen Lagerstätte, die zunächst kilometertief unter der Erdoberfläche liegt, im Laufe der Zeit ein vertikaler Salzstock entstehen. Erreicht das Salz dabei die Oberfläche, bilden sich kuppelförmige »Salzdome« – Lagerstätten, die schon in prähistorischer Zeit den Menschen zugänglich waren.

Die Salzablagerungen am Ufer des Toten Meeres dehnen sich immer weiter aus. Weil der einzige Zufluss, der Jordan, immer weniger Wasser bringt, sinkt der Wasserpegel weiter.

Kleine Salz-Geschichte

Salz ist lebensnotwendig, nicht nur für den Menschen. Der erkannte schon bald die Kostbarkeit und den Wert von Salz, das ihm Reichtum, aber auch Kriege einbrachte.

- Einst war Salz kostbarer als Gold.
- Weil Salz heute allgegenwärtig ist, wird sein Wert oft unterschätzt.

Intuitive Salzversorgung

Während man heute um die Zusammenhänge von Salzbedarf, Konsum und seine gesundheitlichen Auswirkungen weiß, folgte der Mensch in frühester Urzeit einfach seinen intuitiven Bedürfnissen. Niemand weiß heute genau, wie die Menschheit schließlich herausfand, dass sie Salz zum Überleben braucht.

War die Versorgung der Menschen mit Salz in frühester Zeit noch durch die fast ausschließliche Ernährung mit Fleisch gesichert – Fleisch enthält von Natur aus Salze – so stieg das Bedürfnis nach zusätzlichem Salzkonsum mit der verstärkten Aufnahme salzarmer pflanzlicher Nahrung. Die Sesshaftwerdung und die Konzentration auf Ackerbau zur Ernährung der Menschen waren in der Menschheitsgeschichte die Triebfedern zur Entwicklung der Salzversorgung. Umgekehrt war das Vorhandensein von Salz und Wasser ausschlaggebend dafür, wo Menschen sesshaft wurden und Siedlungen errichteten. Dabei spielte in frühester Zeit die mehr oder weniger zufällige Entdeckung von Salzquellen eine Rolle, aber auch die Beobachtung von Tieren, die auf der Suche nach Wasser und Futter intuitiv auch ihrem Bedürfnis nach Salz folgen. Später suchte man auch gezielt nach Salzlagerstätten und verfeinerte im Laufe der Jahrhunderte zusehends die wissenschaftlichen Methoden der Suche und Erforschung von Salz.

Gezielte Gewinnung

In der Frühzeit der Menschheit nutzte man in den Küstengebieten salzhaltiges Meerwasser und im Binnenland oberflächlich austretende Sole, die z. B. durch natürliche Erdverwerfungen zutage trat, um den Bedarf nach Salz zu stillen. Auch sogenannte Salzdome, oberflächlich zugängliche Salzlagerstätten (S. 17), waren eine wichtige Salzquelle. Hierzu musste das Salz abgebaut werden – eine mühevolle Arbeit, die von Hand mit einfachstem Werkzeug erledigt wurde. Allmählich entstand so etwas wie eine Kultur der Salzgewinnung: Das bisher durch natürliche Verdunstung eher zufällig entstandene Meersalz wurde mehr und mehr vom Menschen gezielt gewonnen, der bergmännische Abbau von Steinsalz in Handarbeit wurde vorangetrieben. Verschiedene archäologische Funde und die Auswertung historischer Schriften aus den unterschiedlichsten Jahrhunderten und Regionen der Erde legen davon Zeugnis ab: So sollen schon um 6000 v. Chr. Menschen alljährlich das durch Verdunstung auskristallisierte Salz eines südchinesischen Sees von der Oberfläche abgeschöpft haben. Im nördlichen Punjab (Pakistan) wurde vermutlich bereits im 5. und im 4. Jahrtausend v. Chr. Himalaya-Salz gewonnen. Von den Kelten weiß man, dass sie sich 1000 v. Chr. im Salzbergtal bei Hallstadt auf die Suche nach dem weißen Gold machten. Und schon die Inkas filterten mittels Verdunstung Salz aus dem Wasser des Rio Urumbaba, das mit Lamas mehrere hundert Kilometer weit transportiert wurde.

Bambus für Salz aus Szechuan

Der Gastgeber aus China drängte uns, »Tausendjährige Eier« zu bestellen. Niemand wollte sich opfern, also nahmen wir eine Portion zu viert. Wie diese Eier wohl schmecken, aussehen, riechen und zubereitet sein würden, sorgte, während wir darauf warteten, für Gesprächsstoff. Tatsächlich, es kamen Eier auf den Tisch. Tausendjährig waren sie nicht, alt schon: Etwa 100 Tage dauert die Prozedur und ebenso lange sind sie genießbar. Wie vor tausend Jahren werden die Eier jedoch zubereitet: Man legt sie einen Monat in Salzlake ein und bettet sie dann in einen Brei aus Salz, Lehm, Lake, Asche, Tee und anderen Zutaten. Das Ergebnis ist ein hartes Ei mit grünem Dotter, das nicht gekocht wurde, aber viel länger hält als ein Gekochtes. Sein goût, nun ja, ist Geschmackssache.

Chinesischer Erfindungsgeist nahm in der Salzgewinnung eine prägende Vorreiterrolle ein.

Die Chinesen sind seit Jahrtausenden Meister im Konservieren von Lebensmitteln in und mit Salz. Sie waren die Ersten, die den Wert des Salzes in seinen vielen Facetten erkannten – vom Heil-, Würz- und Konservierungsmittel bis zur Geldquelle. Auch technisch waren sie dem Rest der Welt um Myriaden voraus. Nicht nur in punkto Porzellan oder Schießpulver (Salpeter), auch auf dem Gebiet der Salzgewinnung.

Wem kommt beim Begriff Szechuan schon Salz in den Sinn? Viel eher denkt man dabei an Pfeffer und das, obwohl die chinesische Provinz, die etwa so groß wie Frankreich ist, eine ganz besondere Bedeutung in der Salz-Geschichte hat. Seit 3000 v. Chr. wird in Szechuan Salz gewonnen. 252 v. Chr. wurde dort erstmals im Erdinneren nach Sole gebohrt. Den Ausschlag gab der geniale Wasserbauingenieur und Statthalter Li Ping. Die zutage geförderte Sole ließ er in Tongefäßen so lange über Feuer kochen, bis Salzkristalle zurückblieben. Seit 129 v. Chr. verwendete

man zum Solesieden Eisenpfannen, eine noch bis in die jüngste Vergangenheit gängige Methode.

Den Meilenstein des Fortschritts bildete eine sensationelle Erfindung aus Bambus: Bei den Bohrungen konnte unsichtbares Gas austreten, das man für einen todbringenden Geist der Unterwelt hielt. Um 100 v. Chr. entdeckte man, dass sich dieses natürliche Erdgas mithilfe von Bambusröhren einfangen und nutzen ließ, um Feuer zu entfachen und darüber Sole zu kochen. So musste man nicht wie anderswo riesige Wälder für das Salzsieden abholzen. Die mit Lehm und Salzlake abgedichteten Bambusröhren leiteten das Gas in eigens gebaute Siedehütten und dienten auch zur Bergung der Sole selbst. Szechuan überzog bald ein raffiniertes, verzweigtes Rohrleitungssystem, das zum Prototypen für Bewässerungsanlagen und Leitungssysteme in ganz China wurde.

Die Provinz liefert nach chinesischer Meinung das beste Salz überhaupt. Im 18. und 19. Jahrhundert erreichte die Szechuaner Salzproduktion ihren Höhepunkt und bestritt 20 % des chinesischen Salzmarkts. Die meisten Salzbrunnen lagen bei Tsi-kung, etwa 1700 Salzhändler hatten sich dort angesiedelt. 1835 bohrte man dort das damals tiefste Loch der Welt (990 m tief) – natürlich mit dem Schlagbohrer. Die Chinesen hatten diese Technik bereits im 11. Jahrhundert erfunden. Die Region war von Bohrtürmen übersät. Heute stehen in Tsi-kung nur noch ein paar davon, das Gildehaus ist ein Salzmuseum und nationales Denkmal.

China hat mittlerweile mit einer Salzproduktion von 48 Mio. t (2006) die USA (46 Mio. t) als größter Salzproduzent der Welt abgelöst, in Europa ist Deutschland führend (18,6 Mio. t). Der Clou ist, dass man im Reich der Mitte, das die älteste und eindrucksvollste Salz-Geschichte der Menschheit besitzt, Speisen gar nicht direkt salzt. Salz ist in Würzpasten aus Bohnen, Fisch- und Sojasaucen, Salzgemüse oder Gewürzmischungen enthalten, die in den verschiedenen chinesischen Küchen zum Würzen dienen. Oder eben in Tausendjährigen Eiern, sodass man auch diese nicht extra zu salzen braucht.

Salzbrunnen und Salinen

Während in den meisten Regionen der Erde noch kristallines Salz die Hauptrolle spielte, erkannte man in China, dass die salzige Flüssigkeit in den Tümpeln vor Ort nicht oberflächlich entstand, sondern aus dem Erdinneren sickerte. Chinesischer Erfindungsgeist führte zur Bohrung des weltweit ersten Salzbrunnens und zur Entdeckung der Bedeutung von Erdgas für die Salzgewinnung (S. 20 f.). So erfand man in China ein Rohrleitungssystem, das die Möglichkeit bot, das bei den Bohrungen austretende Gas in sogenannten Siedehütten zu nutzen.

Die Heidelandschaft um Lüneburg verdanken wir dem Raubbau an Wäldern, die einst zur Befeuerung von Salzsiedestätten abgeholzt wurden.

Wann das Verfahren zur Siedesalzgewinnung entwickelt wurde, lässt sich heute nicht genau sagen. Allerdings kannte man die Grundzüge des Salzsiedens schon sehr lange, wie etwa 2000 Jahre alte chinesische Schriften dokumentieren.

In anderen Teilen der Erde wurde das Salzsieden erst sehr viel später etabliert und dann meist auf der Basis von Holzbefeuerung. Von den Kelten weiß man, dass sie natürliche Solequellen in der Umgebung von Schwäbisch Hall nutzten, wo sie Tag und Nacht Salz siedeten. Sie verkauften es bis nach Bayern und Böhmen, in die Schweiz und nach Gallien, was ihnen eine herausragende Handelsposition einbrachte.

Erst im Mittelalter wurde in den Gebieten des heutigen Deutschlands und Österreichs Sole auch künstlich hergestellt durch Auswaschen von Salzgestein mit Wasser. Die Sole wurde in sogenannten Pfannen gesiedet, bis festes Salz übrig blieb. Die dazu notwendige Energie lieferte Holz; dies führte in einigen Landstrichen zum Raubbau an der Natur, da ganze Wälder abgeholzt wurden. So entstand beispielsweise rund um die Salinenstadt Lüneburg eine Heidelandschaft. Im 18. Jahrhundert versuchte man dann, den Energieaufwand zu senken, indem die Sole bereits vor dem Sieden aufkonzentriert wurde: Im sogenannten Gradierwerk rieselte die Sole über ein 100 m langes Gestell, wobei ein Teil des Wassers verdunstete.

Handel und Transport

Anders als heute, wo man weiß, dass nahezu jede Region auf der Erde Salz birgt, beschäftigte die Suche nach dem lebensnotwendigem Stoff und dessen Gewinnung Herrscher, Gelehrte und Völker über Jahrtausende. Wer über Salz verfügte, besaß ein wertvolles Gut: Für die Inkas etwa war Salz so kostbar, dass sie es in Gold und Edelsteinen aufwogen.

Überall wo Salz gewonnen wurde, entwickelte sich alsbald ein reger Handel; wer selbst über kein Salz verfügte, war auf den Fernhandel angewiesen, der im Mittelalter besondere Bedeutung gewann und auf den sich vor allem die Juden und die Araber verstanden.

Die wertvolle Handelsware Salz wurde teils weite Strecken transportiert. Alte Handelswege, die zum Teil noch heute als zentrale Verkehrswege genutzt werden, legen davon Zeugnis ab (S. 24 f.), etwa die »Via Salaria« oder die Alte Salzstraße von Lüneburg nach Lübeck. Letztere wird als Teil eines Handelsweges bereits um 973 n. Chr. von dem aus Spanien kommenden, jüdischen Sklavenhändler Ibrahim Ibn Jacub erwähnt und führte von den Nordmeeren über Lübeck, Magdeburg und Prag in Richtung Mittelmeer.

Salzgewinnung funktioniert auch in höheren Lagen: Bereits die Inkas betrieben solch archaische Salzminen im heutigen peruanischen Hochland.

Wirtschaftsgut und Beute

Daneben war (und ist) das Wirtschaftsgut Salz keine ganz einfache Handelsware: Zwar verdirbt Salz selbst nicht und kann daher ohne Weiteres längere Zeit transportiert werden, aber es ist sehr empfindlich gegenüber Witterungseinflüssen, vor allem Feuchtigkeit.

Salzkarawanen nach Timbuktu, Salzsäcke für die Schweiz

Salz benötigt man für die Herstellung vieler Lebensmittel: so auch für Käse. Da die Schweizer lange über kein eigenes Salz verfügten und die im 15. Jahrhundert im waadtländischen Bex entdeckten Soleminen bei Weitem nicht genug Salz hergaben, beschafften sich die Schweizer das Salz im Ausland: Ein Großteil der Salzimporte stammte aus den Salzstöcken im bayerisch-österreichischen Grenzland. Fuhrleute brachten es auf der Salzstraße von Hallein und Bad Reichenhall nach München und weiter auf der heutigen A96 (B12) an den Bodensee. Eine andere Salzroute führte durch Tirol und das Allgäu in die Schweiz. Am Bodensee wurde das Salz verschifft, am Rheinfall umgeladen und ein Stück am Ufer transportiert. So entstand in Schaffhausen am Rheinfall das bedeutendste Salzmagazin der Schweiz. Schon im Altertum verbanden Salzstraßen Produzenten mit Abnehmern und entwickelten sich zu internationalen Handelsrouten. Zu den ältesten Salzstraßen zählt die »Via Salaria«, die Meersalz von Ostia nach Rom und in den Apennin lieferte. Von Hallstadt im Salzkammergut führten Salzstraßen bis an die Adria und die Atlantikküste. Auf der Alten Salzstraße von Lüneburg nach Lübeck bzw. Wismar gelangte das begehrte Lüneburger Salz über die Trave und die Ostsee nach Skandinavien und ins Baltikum sowie über die Oder nach Breslau. Das weiße Gold aus Lüneburg war der Wirtschaftsmotor der Hansestädte im Mittelalter, denn erst das Salz ermöglichte den einträglichen Fernhandel. Nur in Salz eingelegt konnte man große Fische wie Hering, Kabeljau und Sardine in ganz Europa verkaufen. Vom prosperierenden Amsterdam hieß es im 17. Jahrhundert, es sei auf Salzhering gebaut.

Während man in Europa Salz auf Pferden und Schiffen transportierte, zogen in Afrika Kamele und Dromedare in Karawanen durch die Wüste. Das ist z. T. heute noch so. In der Sahara gibt es große Salzvorkommen in ausgetrockneten Seen und Wadis. In Timbuktu (Mali) laufen uralte Salz-Karawanenrouten zusammen, die Schwarzafrika mit dem Mittelmeer, West- und Nordafrika verbinden. Das Salz der Sahara wurde in Timbuktus besten Tagen, als sich Legenden um den sagenhaften Reichtum der Salzstadt am Niger rankten, gegen Gold, Elfenbein, Sklaven und Gewürze eingetauscht. Kriegerische Auseinandersetzungen mit marokkanischen Sultanen im Norden waren die Folge; heute beherrschen Mauretanier den archaischen Salzmarkt. Der mühsame Transport durch die Sahara ist im internationalen Vergleich nicht mehr lukrativ. Timbuktus Reichtum ist dahin, der Hafen am Niger ausgetrocknet – er liegt nun gut 10 km weiter südlich – und die Zahl der Einwohner und Dromedare ist stark gesunken. Salzbarren werden

Salzstraßen und Handelsrouten waren von jeher die wichtigsten Lebensadern für Städte.

nicht mehr mit Gold aufgewogen. Sie bringen nur noch das Zwei- bis Dreifache ihres Gewichts an Hirse ein.

Solange Salz vielerorts Mangelware und der Salzreichtum der Erde nicht bekannt war, war der Salzhandel, gleich ob in Schwarzafrika, Indien, China oder anderswo, äußerst gewinnbringend: Wer die Kontrolle darüber hatte, hielt die Fäden der Macht in der Hand. Wo sich Salzmonopole, Steuern und Zölle einrichten und erheben ließen, wurde das getan – und durch Schmuggel umgangen. Auch die Schweizer Eidgenossen setzten 1623 nach jahrhundertelangen Streitigkeiten der Kantone um die Salzhandelsrechte ein Staatsmonopol zugunsten der Staatskasse fest. Die Schweiz braucht übrigens seit der Entdeckung großer Steinsalzvorkommen im Jahr 1836 in Schweizerhalle bei Basel kein Salz mehr zu importieren. Die Rheinsalinen decken 90 % des Schweizer Markts ab, der Rest kommt aus Bex.

Die kostbare Fracht wurde daher zum Schutz in Holzkisten, Fässer, Tonnen oder Säcke verpackt. Hinzu kam die Tatsache, dass Salz sehr viel wiegt: Lasttiere (z.B. Lamas, Kamele, Pferde) konnten nur eine begrenzte Menge schleppen, kamen nur langsam voran und waren je nach Klima rasch erschöpft; dies machte die Salztransporte langwierig. Schiffe für den Salztransport übers Meer konnten nur zur Hälfte beladen werden und waren schwerfällig zu manövrieren – und damit eine leichte Beute für Piraten. All das trug dazu bei, dass Salz ein teures Gut war, ein Luxusprodukt.

Geld, Macht und Politik

Schon früh erkannte man, dass Salz nicht nur den Speisen Würze gibt, sondern verderbliche Lebensmittel haltbar machen kann. Die alten Ägypter waren vor über 2000 Jahren vermutlich die Ersten, die Fisch, Fischeier – vor allem den Rogen der Meeräsche – sowie Fleisch mit Salz konservierten. Zwar hatten sie eigene Salzvorkommen; mit diesen handelten sie jedoch kaum. Vielmehr exportierten sie salzkonservierte Lebensmittel, die wertvoller waren als Salz. Es gilt als erwiesen, dass die Ägypter bereits 2800 v. Chr. mit den Phöniziern Handel trieben und dabei Salzfisch gegen Zedernholz, Glas und einen seltenen purpurnen Farbstoff eintauschten.
Doch nicht nur die Ägypter verstanden sich auf die Salzkonservierung: Das Verfahren zog weite Kreise und wurde auch in China oder von den Wikingern eingesetzt. Egal, welche historische Epoche als Beispiel herangezogen wird: Stets verliehen die Salzgewinnung sowie der Handel mit Salz und salzkonservierten Lebensmitteln der jeweiligen Gesellschaft raschen Aufschwung. Herrscher und Adel, Klöster und findige Kaufleute erkannten das Potenzial, das im Salz steckte; es verhalf ihnen zu Reichtum und Ansehen: Fixe Handelsrouten wurden etabliert, feste Salzstraßen gebaut, Maut und Wegezoll erhoben. Siederechte waren Privilegien, die entweder Adeligen und höheren Ständen vorbehalten waren oder gegen Pacht vergeben wurden.

Steuern und Monopole

Die lebenswichtige und begehrte Ware Salz wurde auch besteuert: Die erste Salzsteuer – und damit die Kontrolle eines Staates über ein

Die Wikinger – hier eines ihrer Schiffe als Malerei in einem angelsächsischen Buch – verstanden sich auf den Handel mit Salz und salzkonservierten Lebensmitteln.

Gut – wurde etwa 300 v. Chr. in China etabliert. Die Einnahmen der Staatskasse dienten vor allem zur Finanzierung von Kriegen und für den Bau von Verteidigungsanlagen, wie z. B. der Großen Mauer. Über Jahrhunderte und Dynastien hinweg wurde das Salzmonopol mal abgeschafft und wieder eingeführt; Letzteres meist dann, wenn die Staatskasse gerade schlecht gefüllt war. Viele andere Herrscher und Staaten haben es China in der Historie gleichgetan (z. B. Indien). Auch in Deutschland, Österreich und Frankreich gab es Salzsteuern, die zum Teil erst im 19. bzw. 20. Jahrhundert abgeschafft wurden.

Zugleich wurde im Laufe der Geschichte so manches Monopol auf Salz und den Handel damit erlassen, beispielsweise in der mittelalterlichen Republik Venedig. Solche Monopole haben sich zum Teil sogar bis in die moderne Gegenwart fortgesetzt: Bis vor Kurzem war zum Beispiel in der Schweiz gesetzlich verankert, welches Salz in welchem Schweizer Kanton gehandelt und wie besteuert werden durfte (sogenanntes kantonales Salzregal).

Salz, das in die Freiheit führt

Im Jahr 1600 wurde mit dem Einverständnis Elisabeth I. die Ostindische Kompagnie gegründet. Die private Handelsgesellschaft konnte in Indien schalten und walten wie die Krone und sah in der Kolonie einen einzigen Zweck: Großbritanniens Reichtum zu mehren. Die Briten untersagten den Indern jeglichen Abbau, Handel und Transport ihres eigenen Salzes und brachten so den Salzhandel völlig unter britische Kontrolle. Mahatma Gandhis Satyagraha, seine Salzkampagne, setzte hier an und wurde zum Schlüsselereignis der indischen Freiheitsbewegung: Gandhi, die »große Seele« Indiens, stammte aus der Nähe des Rann von Kutch in Gujarat an der indischen Westküste, einer Region, die ein traditioneller indischer Meersalzlieferant ist. Am 12. März 1930 startete Gandhi mit 78 Anhängern einen 385 km langen Salzmarsch von Ahmedabad aus, nahe der Hauptstadt Gujarats. Ziel war Dandi am Arabischen Meer, wo Gandhi verbotenerweise eine Handvoll Salz schöpfen und so symbolisch die britischen Gesetze brechen wollte. Auf dem 24 Tage dauernden Marsch schlossen sich ihm mehr und mehr Menschen an.

Der britische Journalist Webb Miller beschreibt die Ankunft der Marschierenden: »In vollkommenem Schweigen rückten Gandhis Männer vor. (...) Auf ein Kommandowort stürzte sich plötzlich eine große Meute einheimischer Polizisten auf die vorrückenden Marschierer, und ein Hagel von Schlägen, ausgeteilt mit stahlbeschlagenen Lathis (Schlagstöcken), ging auf ihre Köpfe nieder. Nicht ein einziger Marschierer erhob auch nur einen Arm, um die Schläge abzuwehren. Wie umgestürzte Kegel fielen sie zu Boden.«

Das britische Salzmonopol fiel ebenfalls: Bereits ein Jahr später erlaubte das Gandhi-Irwin-Abkommen indischen Küstenbewohnern das Sammeln von Meersalz für den Eigenbedarf. Die Sprengkraft und Folgen des Salzmarsches waren ungeheuer: Am 15. August 1947 erhielt Indien die Unabhängigkeit.

Machtfaktor Salz

Salz trug jedoch als beliebte Handelsware nicht nur zur friedvollen Kommunikation zwischen den Völkern und Regionen der Erde bei, sondern war auch immer wieder in der Geschichte Grund für kriegerische Auseinandersetzungen: Zur Zeit des römischen Kaisers Julian (331–363 n. Chr.) sollen sich Alemannen und Burgunder einen Krieg geliefert haben um die Solequellen des Kochertales, das im Grenzgebiet der beiden Völkerstämme lag. Berühmt ist auch der als Salzkrieg in die Geschichte eingegangene Konflikt der Republik Venedig mit dem Herzogtum Ferrara (1482): Venedig, das den zum Herzogtum Ferrara gehörenden Fluss Po als maßgeblichen Handelsweg für Salz und andere Güter nutzte, wollte nicht länger Wegzoll zahlen und versuchte, seine Interessen gewaltsam durchzusetzen, was jedoch nicht von Erfolg gekrönt war. Und auch die Auseinandersetzung zwischen dem Erzbistum Salzburg und dem Herzogtum Bayern um das Salzbergwerk Berchtesgaden im Jahre 1611 wird als Salzkrieg bezeichnet.

Salz war in wirtschaftlicher und in politischer Hinsicht über Jahrhunderte hinweg von größter Bedeutung, zumindest, solange es nicht überall verfügbar war und als Luxusgut angesehen wurde. Anfang des 19. Jahrhunderts gelang es erstmals, Salzlagerstätten mit wissenschaftlichen Berechnungen zu lokalisieren. Mit der gleichzeitig zunehmenden industriellen Produktion und der Entwicklung modernerer Abbau- und Siedetechniken endete endgültig die Geschichte vom Salz als Luxusgut. Salz wurde zum Konsumgut und zur Massenware. Heute, da man seine Vielfalt und seine aromatische Finesse allmählich wiederentdeckt, erfährt es langsam wieder die Wertschätzung, die es verdient.

Ihre Macht, die auf dem Handel mit Salz fußte, demonstrierten Venedigs Dogen auch durch ein imposantes Staatsschiff (Malerei von Franceso Guardi, 1766–1770).

Salzgewinnung heute *Drei Wege führen zum Salz: die bergmännische Produktion, die Soleaufbereitung und die Gewinnung aus Meerwasser.*

- Weltweit werden etwa 240 Mio. t Salz pro Jahr produziert.
- Etwa 70 % der Salzproduktion weltweit stammt aus Steinsalz, der Rest ist Meersalz.

Salzbergwerke

Heute macht Steinsalz den weitaus größten Anteil in der Salzproduktion aus. Im Bergwerk wird eine Steinsalzschicht, die vorher noch nie mit Wasser in Berührung kam, auf mechanischem Wege abgebaut. Hierzu werden sogenannte Strecken und Kammern durch das Gestein bis in die Salzlagerstätten vorangetrieben. Man unterscheidet dabei zwei Arten von Abbauverfahren: Beim Nassabbau erfolgt die Salzgewinnung durch die Lösung des Salzes mittels Wassers. Dazu werden Salzstöcke angebohrt und ausgelaugt, das Salz wird in Salinen gewonnen (S. 32 f., Solebetrieb).

Beim Trockenabbau bohrt man Sprenglöcher in das Gestein, füllt diese mit Sprengstoff und Zündern und sprengt anschließend das Gestein, dessen Brocken meist noch unter Tage mechanisch mehr oder weniger fein zerkleinert und grob gereinigt werden. Je nach Verwendungszweck wird das Steinsalz anschließend durch Flotation (Prozess zur Trennung von Kalium- und Natriumsalzen) und Sedimentation weiter aufbereitet. Das so gewonnene Steinsalz ist fast reines Natriumchlorid und dient als Rohstoff für die Herstellung von Auftausalz (zur Straßenstreuung) und für die chemische Industrie (97 %). Es wird nur zu einem sehr geringen Anteil zu fein gemahlenem Speisesalz verarbeitet (3 %): Dies geschieht durch Auslaugen des Salzes und Verdampfen der Salzlösung.

KUNSTVOLLE BERGMANNSARBEIT

Salzbergwerke sind unterirdisch weitverzweigte Anlagen, deren Stollen und Kammern mehrere Kilometer tief in die Erde hineinführen können. Ist das Salz abgebaut, lassen sich geeignete Stollen unter anderem als Deponien für Müll, Sondermüll und als atomare Zwischen- bzw. Endlager nutzen. Manche älteren Salzbergwerke sind

heute als begehbare Museen erhalten; besonders bekannt sind beispielsweise das Berchtesgadener Salzbergwerk (Bad Reichenhall), in dem bereits seit fast 500 Jahren Salz abgebaut wird, oder das Bergwerk in Wieliczka (Polen). Hier gab es bereits 3500 v. Chr. eine Salzsiederei; der unterirdische Abbau erfolgte seit dem 13. Jahrhundert bis 1996. Die Bergleute schufen in Wieliczka ein kunstvolles Reich aus Salz: Kapellen mit Heiligenstatuen aus Salz, lebensgroße Salzfiguren (z. B. Kopernikus) und die weltberühmte Kathedrale der heiligen Kinga. Auch Letztere war einst eine Abbaukammer, ausgelöst von drei Generationen bis 1896 und von drei weiteren Generationen zum Kunstschatz ausgebaut (S. 168 f.).

Siedesalzproduktion

Das Verfahren zur Siedesalzgewinnung aus Sole hat uralte Wurzeln: Seine Grundzüge kannte man in China schon vor Beginn unserer kalendarischen Zeitrechnung (S. 20 f.), aber es dauerte Jahrhunderte, bis die Technik so verfeinert war, dass sie mit einem geringeren Energieaufwand auskam und einigermaßen effizient war. Heute wird Siedesalz im modernen Solebetrieb industriell in großem Maßstab gewonnen. Siedesalinen machen in der

In der »Salina Grande« bei Trapani, Sizilien, liefern Windmühlen Energie für das Pumpwerk der Meersalzgewinnungsanlage.

Salzproduktion den größten Anteil in den Industrieländern aus. Allerdings wird der Begriff Saline in den verschiedenen Ländern unterschiedlich verwendet: Nur im deutschen Sprachraum umschreibt das Wort Saline zwei unterschiedliche Verfahren zur Salzgewinnung: aus Sole und aus Meerwasser. In anderen Sprachräumen existieren nur Meerwassersalinen und beim Abbau von Steinsalz wird nicht wie hierzulande zwischen mechanischen (Bergwerk) und physikalisch-chemischen Verfahren (Soleverfahren) unterschieden, sondern beides als Salzmine bezeichnet. Das Kochen von Sole hat dort keine eigenständige Bedeutung.

SOLEGEWINNUNG FRÜHER UND HEUTE

Die verwendete Sole kommt aus zwei Quellen: Entweder wird eine natürlich vorkommende, unterirdische Solequelle angebohrt oder es wird eine künstliche Sole gewonnen. Natürlich vorkommende Solequellen sind allerdings recht selten und liefern in der Regel keine voll gesättigte Sole (also mit dem maximal möglichen Anteil an gelöstem Salz); dies erfordert, dass sie zur Salzgewinnung nachträglich bis zur Sättigungsgrenze künstlich aufgesalzen werden muss. Um eine künstliche Sole zu gewinnen, führt man gezielt Süßwasser in die Salzschichten des Bodens. Das Salz wird so gelöst und nach Erreichen der natürlichen Sättigung von ca. 26 % Salzgehalt wird die Sole abgepumpt. Dieses Verfahren wird jedoch heute nur noch selten angewendet. Stattdessen wird heutzutage eine Tiefenbohrung durch das Salzvorkommen getrieben und das Bohrloch mit zwei Spülrohren gefüllt. Durch Einleitung von Süßwasser über das tiefer hängende Zentralrohr wird von unten her Salz gelöst. Die dabei entstehende Sole läuft über das sogenannte Spülrohr nach über Tage (direktes Solverfahren). Im Laufe des Abbaus wird dann der Kreislauf umgedreht: Süßwasser wird über den Ringraum der Spülrohre eingeleitet, sättigt sich auf dem Weg nach unten allmählich auf und fließt über das Zentralrohr als Sole nach oben (indirektes Solverfahren).

SALZGEWINNUNG IN SALINEN

Siedesalz wird als Rückstand bei der Verdampfung von Sole gewonnen. Die Rohsole, die einen Kochsalzgehalt von 260 bis 300 g/l Wasser aufweist, wird durch chemische Verfahren von Magnesium-, Gips- und Kalkanteilen befreit, wodurch ihr Reinheitsgrad steigt. Nach dem Einkochen (Eindampfen) der Sole in geschlossenen (Druck-)Behältern bei 140 °C wird dem Salzbrei mittels Zentrifuge weiteres Wasser entzogen. Das feuchte Salz wird je nach Bedarf mit Zusätzen vermischt (z. B. Jod) und dann getrocknet. Siedesalz kommt als Speisesalz in verschiedener Körnung in den Handel.

Meerwassersalinen

Die Meersalzgewinnung spielt nur in Küstengebieten eine Rolle, deren Küstengewässer einen hohen Salzgehalt aufweisen. Das ist der Grund, warum etwa in Skandinavien und an der Ostsee kein Meersalz gewonnen wird. Weitere Voraussetzungen für die Meersalzgewinnung sind flache Uferzonen, um genügend große Salzgärten anlegen zu können, ausreichend Wind sowie intensive und

In den traditionell bewirtschafteten Salzgärten – hier eine thailändische Anlage – wird das fertige Salz zu Bergen aufgetürmt.

Rutschpartie ins Innere der Berge

Am Nordrand der Alpen sind die Berge voller Salz. Im landschaftlich reizvollen bayerisch-österreichischen Grenzgebiet, wo das Berchtesgadener Land auf das Salzkammergut trifft, verraten die Ortsnamen Bad Reichenhall, Hallein oder Hallstadt, dass man sich hier im Land des Salzes befindet. Hier haben schon die Kelten Salz (keltisch »hal«) aus dem Berg geschlagen, lange, bevor Grenzen gezogen waren und sich bayerische und Salzburger Erzbischöfe um die Rechte am Salzabbau stritten. Das taten die Kirchenmänner seit dem Mittelalter jahrhundertelang, vor allem wegen des steilen, bewaldeten Dürrnbergs, eines riesigen Salzstocks, der sowohl von bayerischer (Berchtesgaden), als auch von österreichischer Seite (Hallein) aus ausgehöhlt wurde.

Als »Hallstadtzeit« bezeichnen Archäologen denn auch die hoch entwickelte keltische Kultur der frühen Eisenzeit von 700 bis 450 v. Chr., der Hallstadt im österreichischen Salzkammergut ihren Namen gab. Mit Spitzhacken aus Bronze – die Kelten wussten, dass Eisen in Berührung mit Salz schneller korrodiert als Bronze – hauten sie aus den dortigen Salzstöcken Salz aus unterirdischen Stollen, die sie tief in die Berge hineintrieben. Über hölzerne Rutschen ging es rasant hinunter ins Berginnere, der Aufstieg in den steilen Schächten war umso mühsamer – bei einem Neigungswinkel von 45 bis 50 Grad, mit schweren Ledersäcken oder Körben auf dem Rücken, gefüllt mit Salzgestein, und geharzten Kiefernholzfackeln zwischen den Zähnen oder in der Hand.

Man weiß wenig über die Kelten, da sie weder Schriften noch Bilder hinterließen. Aber die Funde prähistorischer Skelette in den Salzbergwerken sowie Ausgrabungen umliegender keltischer

Siedlungen und eines über 1000 Gräber umfassenden Gräberfelds am Salzberg über dem Hallstädter See verraten einiges über die nordalpinen Salzmenschen. Dank des Salzes wurden die in den Minen verschütteten Bergarbeiter aus der Hallstadtzeit bestens konserviert, sogar die Farben ihrer Kleidung waren außerordentlich gut erhalten: Die bunt gestreiften oder karierten, eng anliegenden Beinkleider und wollenen Webgewänder leuchteten in kräftigem Rot, Blau oder Ocker wie lebhafte Schottenkaros. Dazu trugen die hochgewachsenen Männer mit dem blonden bis hellbraunen Haar kegelförmige Fellmützen und Lederschuhe.

Der Salzabbau war damals nicht nur gefährlich für Leib und Leben, er war auch sehr einträglich und die Kelten unterhielten weitreichende Handelsbeziehungen. Über die Salzach wurde das Salz nach Passau verschifft und gelangte von dort auf der Donau oder den Salzstraßen in die Ferne. Heute kann man dem Weg des Salzes auf Wanderungen in idyllischer Natur nachspüren, etwa auf dem sanft abfallenden 42 km langen historischen Soleweg von Hallstadt nach Ebensee ins Innere Salzkammergut, der entlang einer alten Soleleitung von 1607 führt und zu den schönsten Wanderwegen Österreichs zählt.

Die Region Hallstatt Dachstein (Österreich) hat die UNESCO inzwischen aufgrund der Zeugnisse aus der keltischen Salzkultur zum Natur- und Weltkulturerbe erklärt. Sowohl in Hallstadt als auch in Hallein kann man Schaubergwerke, Keltenmuseen, Ausgrabungsstätten sowie ein keltisches Museumsdorf am Fuß des Dürrnbergs besichtigen.

Doch nicht nur in Österreich, auch in Bayern rufen die Berge und locken Besucher ins Salz. Die Bergwerke von Berchtesgaden und Bad Reichenhall haben sich längst ebenfalls zu Touristenmagneten entwickelt, obgleich sie mit einer Förderung von 600.000 m³ sowie 300.000 m³ Sole immer noch hochaktive Salzproduzenten sind. Allein in Berchtesgaden begeben sich jährlich rund 400.000 Besucher in Bergmannskleidung auf Salzzeitreisen ins Innere des Bergs. Ein erlebnisreiches, trockenes Freizeitvergnügen bei einer mehr oder weniger gleichbleibenden Temperatur von etwa 12 °C unter Tage, auch wenn es draußen stürmt und schneit.

regelmäßige Sonneneinstrahlung. Des Weiteren sollte es in der betreffenden Region wenig regnen, denn nur ein einziger heftiger Regen kann die Ernte von Wochen zunichtemachen! In Europa finden sich beispielsweise geeignete Regionen mit laufender Meersalzgewinnung an der französischen Atlantikküste (z.B. Bretagne), an der Küste Kroatiens (in Ston), in Slowenien (Bucht von Piran), am Schwarzen Meer sowie am Mittelmeer.

DAS PRINZIP DER MEERSALZGEWINNUNG

Meersalz ist von Frühjahr bis Herbst aus Meerwasser in natürlichen oder geplanten Salzgärten gewonnenes Salz für Speise-, Heil- und Kosmetikzwecke. Meersalzgewinnungsanlagen arbeiten alle – unabhängig von ihrer Größe und dem Grad der Technisierung – nach demselben Prinzip; es setzt ein warmes Klima – idealerweise mit Wind – voraus und arbeitet in mehreren Stufen: Meerwasser, das im Durchschnitt etwa 35 g Salz/l Wasser enthält (eine Ausnahme ist das Rote Meer mit etwa 340 g/l), wird in mehrere nacheinanderliegende, offene Verdunstungsbecken geleitet, die der Sonne, dem Wind (und dem Wetter) ausgesetzt sind. Durch natürliche Verdunstung des Wassers steigt der Salzgehalt von Becken zu Becken, bis das Salz schließlich im letzten Becken auskristallisiert. Bei dieser stufenweisen Verdampfung werden auch Verunreinigungen abgetrennt; das Meersalz, das ursprünglich nur zu etwa 80 % aus Natriumchlorid besteht, wird auf diese Weise auf einen Gehalt von bis zu 98 % Natriumchlorid aufgereinigt.

Auch im Binnenland kann Salz in Oberflächensalinen gewonnen werden, wie z.B. bei diesem Salzsee in Kalifornien (USA).

SALZGÄRTEN UND MODERNE ANLAGEN

In den traditionellen Betrieben der Salzbauern, die meist mit kleineren, natürlichen und flachen Salzwasser-

Loix-en-Ré, ein kleiner Ort auf der Île de Ré, ist berühmt für seine Salzgärten, die links und rechts der Hauptstraße angelegt sind.

becken in Meeresnähe arbeiten, werden große Salzkristalle, die sich am Boden absetzen, mit speziellen Besen von Hand abgekehrt und gesammelt. An besonders heißen und zugleich windigen Tagen bildet sich zudem auch an der Oberfläche der Salzwasserbecken eine hauchdünne Schicht, die hauptsächlich aus Magnesium- und Jodsalzen besteht. Sie kann behutsam von Hand mit einem Siebrechen oder einer Holzschaufel »abgeschöpft« werden und kommt – ohne Nachtrocknung – als besonders aromatische und wertvolle »Salzblüte« (Fleur de Sel, S. 50) zu Höchstpreisen in den Handel. Traditionell bewirtschaftete Salzgärten finden sich vor allem noch in Frankreich (S. 38 f.), an der Ostalgarve (Portugal) sowie am Mittelmeer (z. B. in Trapani, Sizilien, S. 32).

In modernen, geplanten Anlagen wird das Meerwasser nach einem genauen Schema von einem künstlich angelegten Becken ins nächste gepumpt und dabei aufkonzentriert, bis das Salz kristallisiert. »Geerntet« wird in der Regel mit maschinellen Kratzern und erst dann, wenn im Becken eine mehrere Zentimeter dicke Salzschicht vorhanden ist.

In wasserarmen Gebieten (z. B. Kanarische Inseln) wird Meerwasser zur Gewinnung von Trinkwasser entsalzt. Hierbei fällt ebenfalls – als Nebenprodukt – Salz an, das dann weiter aufbereitet werden kann.

Bei den Paludiers im weißen Land

In Gummistiefeln stapft Salzbauer Xavier Phulpin auf glitschigen Lehmwegen und Dämmen durch das unter Naturschutz stehende Labyrinth der Salzsümpfe der Guérande. Der Name der Halbinsel an der französischen Atlantikküste, die administrativ zum Pays de la Loire und historisch zur Bretagne gehört, leitet sich von bretonisch »Gwen Rann« (weißes Land) ab. Das komplexe System aus Kanälen und kaum merkbar ansteigenden Wasserbecken, in denen schon zur Römerzeit Meerwasser zur Salzgewinnung verdunstete, wurde nach und nach von Menschenhand angelegt: 2.000 ha Marais Salants, in denen Frankreichs bestes Fleur de Sel und Meersalz heute noch auf archaische Art von Hand geschöpft wird. »Reine Naturprodukte, die so auf den Tisch kommen, wie sie geerntet werden. Keine Raffinierung, keine Reinigung, keine Zusatzstoffe«, sagt Paludier Phulpin.

Die Wiederentdeckung der Qualität von Fleur de Sel führte zur Erhaltung des Salzbauernberufs.

Die Berufsbezeichnung stammt von lateinisch »Palus« (Sumpf). So nennen sich nur die Salzbauern der Guérande, eine Besonderheit wie die Lehmerde auf dem Grund der Bassins, die dem Salz seine spezielle Note verleiht. Die Qualität des Salzes hängt nicht nur vom Boden, Salzgehalt des Meerwassers, von Sonne, Wind und Wetter ab, sondern auch von der Pflege der Salinen. »Vom Aufwand her ist eine Saline mit einem Weinberg vergleichbar«, sagt Phulpin. »Dort kann man auch keine guten Trauben ernten, wenn man die Reben das ganze Jahr über vernachlässigt.«

Im Winter und Frühjahr sieht man die Salzbauern Klär-, Verdunstungs- und Kristallisationsbecken trockenlegen und von Schlick reinigen, Schäden an Dämmen oder Schleusen beseitigen, Wälle und Schikanen, die den Wasserlauf verlangsamen und die Verdunstung fördern, wieder in Form bringen, neue Salinen und Kanäle anlegen. Damit alles parat ist, wenn von Juni bis Ende September Erntezeit ist.

Morgens um fünf sind Paludiers wie Phulpin im Sommer auf den Beinen und sammeln mit blauen Holzschubkarren, Schaufeln, Rechen und langstieligen Schiebern die zerbrechliche, oberste Salzkruste (Fleur de Sel) ein, die sich in den 70 bis 80 m² großen Kristallisationsbecken (Oeillets) bildet, und anschließend die gröberen Kristalle darun-

ter (Sel gros). Am Beckenrand türmt sich das Salz auf »Teppichen« zu Bergen und wird am Saisonende mit dem Traktor zur Genossenschaft transportiert. Wenn es regnet, wird es mit Planen bedeckt. Dann haben die Paludiers frei, ansonsten wird jeder Tag in der Hochsaison genutzt. »Es gibt Jahre, da haben wir kaum eine Ernte«, erzählt Phulpin, »wenn der Sommer verregnet oder das Meerwasser verschmutzt ist, wie bei der Havarie des Tankers Erika.«

Das Salz der Guérande verkauft sich glänzend, besonders das Fleur de Sel, das sich bei Küchenchefs von Paris bis Tokio oder Sydney als Spitzensalz etabliert hat. »In den 1960er- und 1970er-Jahren sah die Situation anders aus«, erzählt Phulpin. »Damals drohte der Beruf des Paludiers zu verschwinden. Es gab keine Nachfrage nach Guérande-Salz, die Konkurrenz produzierte günstiger und industriell, wie die Salinen in der Camargue.« Zum Glück entdeckten linke Pariser Intellektuelle, Hippies und Aussteiger – die 1968er – die Salzsümpfe, begeisterten sich für das Handwerk des Paludiers und gründeten 1972 die Coopérative »Les Salines de Guérande« – »was die Einheimischen erst gar nicht gern sahen«, so Phulpin. Doch längst hat die Genossenschaft ihr Hippieimage abgelegt, der Region viel Gutes getan und ihr das identitätsstiftende Produkt zurückgebracht.

Xavier Phulpin kam Mitte der 1970er ebenfalls aus Paris ins »Weiße Land« der Guérande. Er bereut es nicht und hat gut zu tun. Seine 60 Oeillets (Kristallisationsbecken) entsprechen der Durchschnittsgröße einer Saline. Im Nebenjob fungiert er als Verwalter der Coopérative und nachmittags betreibt er eine alte Mühle, in der er Bio-Buchweizenmehl mahlt für Galettes, die berühmten salzigen Pfannkuchen der Bretagne. Hippie sei er nie gewesen, so betont er, nur natur- und freiheitsliebend.

Von Fleur de Sel bis Ur-Salz *Ob pur oder mit Zusätzen, naturbelassen oder bearbeitet: Mit feinen Geschmacksnuancen und in raffinierten Mischungen erobern Steinsalz, Meersalz & Co. die Küche neu.*

- Bearbeitetes Salz besteht fast nur aus Natriumchlorid.
- Der Mineralstoff- und Spurenelementgehalt entscheidet über Geschmacksnuancen.

Salz ist nicht gleich Salz

Schon Plinius der Ältere (23–79 n. Chr.) hat unterschiedliche Salze beschrieben. Und bereits die alten Ägypter kannten und schätzten neben »normalem« Salz Natron (das sie in der Nähe des Ortes Natrun entdeckten), ein spezielles Salz, das besonders mild schmeckte und Speisen bekömmlicher machte.

Noch lange, bevor die »moderne« Wissenschaft des 17. und 18. Jahrhunderts anfing, die Zusammensetzung von Salz zu erforschen, waren sich die Heilkundigen, Alchemisten und Köche früherer Zeiten bewusst, dass es unterschiedliche Salze gab, die verschiedene Aromen aufwiesen, typische Eigenschaften hatten und so für ganz unterschiedliche Zwecke taugten. Heute unterscheidet man nur drei Arten von Salz, je nach Herkommen und Art der Gewinnung (S. 30 ff.): Meersalz, Steinsalz und Siedesalz, die beiden Letzteren kommen häufig auch unter der Bezeichnung Tafelsalz in den Handel. Derzeit wird etwa ein Drittel des weltweiten Salzbedarfs mit Meersalz gedeckt, der Rest stammt aus Steinsalzlagern.

KÖRNUNGEN UND FARBEN

Die Art der Salzgewinnung (S. 30 ff.) bestimmt die Form und Größe der Salzkristalle: Bergmännisch erzeugtes Salz kommt fein vermahlen in den Handel, Salinensalz ist fein bis mittelfein erhältlich und Meersalz fein bis sehr grob. Alle Speisesalze bietet der Handel darüber hinaus in unterschiedlichen Varietäten an: gereinigt oder naturbelassen, mineralstoffreich und weniger mineralstoffreich, bearbeitet (raffiniert), pur oder gemischt mit Kräutern oder Gewürzen sowie mit Vitaminen angereichert. Auch die Farbpalette ist breit: Neben einer Vielfalt an weißen Salzen treten je nach Durchmischung mit anderen Stoffen (z.B. Algenpigmente, Schwefelanteile, Farbe aus Kräuterzusätzen etc.) nahezu alle Farbschattierungen auf (S. 41 ff., Bild 1 bis 15).

GESCHMACKLICHE NUANCEN

Zu welchem Salz man greift, liegt im Wesentlichen im jeweiligen Verwendungszweck begründet (S. 61 f.) sowie im gewünschten Aroma. Dabei hängt der Geschmack nicht nur da-

(1) **HAWAIIAN BLACK SEA SALT** Seine Farbe beruht auf dem Zusatz von Aktivkohle. Es wirkt antioxidantisch und verdauungsfördernd.

(2) **NUCHI-MASU** ist ein sprühgetrocknetes Meersalz aus Okinawa. Es enthält praktisch alle Mineralien des Meeres und ist fast puderartig fein.

(3) **DOUGLASIENSALZ** hat eine mittelgrobe Struktur, wird auf Meersalzbasis hergestellt und duftet nach Nadelwald und Grapefruit.

von ab, wo ein Salz herkommt, als vielmehr vom Grad der Ver- und Bearbeitung. Ungereinigte Salze enthalten geringe Mengen anderer Mineralstoffe (z.B. Magnesium, Jod), die über Geschmacksnuancen entscheiden. Gereinigtes Salz dagegen besteht fast ausschließlich aus Natriumchlorid – und diesen kleinen Unterschied kann man durchaus schmecken. Kritisch muss in diesem Zusammenhang manch fertig käufliche Salzmischung betrachtet werden: Hier wird manchmal einfachste Salzqualität verwendet und zum Teil sogar mit Aromastoffen gearbeitet. Auf diese Weise entsteht ein Produkt, das einen industriell standardisierbaren Geschmack verleiht, der aber in der gehobenen Küche keinesfalls angestrebt wird.

NATURBELASSEN MIT AROMA

Aromatische Spitzenqualität bei Salz ist in der Regel nahezu naturbelassen: Hier empfiehlt sich insbesondere ungewaschenes Meersalz, das nur von kleineren Salinen verkauft wird. Zu dieser Kategorie zählt auch das teuerste Meersalz weltweit, das Fleur de Sel (S. 50), das immer unbehandelt in den Handel kommt. Es weist ein besonders mildes und elegantes Aroma auf, das von Calcium- und Magnesium-Sulfat-Anteilen bestimmt wird, die beide in

(4) **KRÄUTER-MEERSALZ** ist ein meist feinkörniges Salz, das mit getrockneten Kräutern (z.B. Rosmarin, Majoran, Liebstöckel) gemischt wurde.

(5) **JODSALZ,** von zahlreichen Herstellern in Supermarktqualität erhältlich, ist ein mit Fluor und Folsäure hellgelb gefärbtes Speisesalz.

Steinsalz nicht enthalten sind. Seine Farbe ist fahl weiß oder auch durch eine spezielle Algenart zart rosa gefärbt. Zudem hat es eine »knusprige« Konsistenz, eine Eigenschaft, die es als Gourmetsalz bei Köchen und Feinschmeckern weltweit beliebt macht, unter anderem für Salzränder bei Cocktails (z. B. Margarita).
Im Handel wird auch häufig mit dem Begriff »Ur-Salz« geworben. Dabei handelt es sich in der Regel um naturbelassenes und unbehandeltes Steinsalz (z.B. Himalaya-Salz). Ihm werden gesundheitlich positive Wirkungen nachgesagt, die bisher jedoch nicht wissenschaftlich nachgewiesen wurden (S. 51).

(6) **MURRAY RIVER SALT FLAKES** sind Solesalzflocken aus dem australischen Murray River, deren rosa bis orange Farbe von Algenpigmenten herrührt. Das Salz hat einen milden Geschmack und eignet sich als Tischsalz oder zum Nachwürzen.

GEREINIGT UND BEHANDELT

Die meisten Salze kommen jedoch bearbeitet in den Handel: Sie werden zunächst aufgereinigt mithilfe von Löse-, Sedimentations- und Kristallisationsverfahren, sodass sie am Ende fast ausschließlich aus Natriumchlorid bestehen. Auch Meersalz, das beim Konsumenten fälschlicherweise häufig die Erwartung hervorruft, dass es in seiner Mineralstoffzusammensetzung dem Meerwasser gleicht, kommt in der Regel gereinigt (gewaschen) auf den Markt. Dann unterscheidet es sich im Geschmack praktisch nicht von Stein- oder Siedesalz, wird aber von vielen Köchen aus Prestigegründen bevorzugt. Auch ernährungsphysiologisch bietet es keine Vorteile: Nach Aussagen der modernen Ernährungswissenschaft ist gereinigtes Meersalz im Gegensatz zur landläufigen Verbrauchermeinung kein Ersatz für jodiertes Speisesalz, da sein Jodgehalt nur unwesentlich über dem von Steinsalz liegt.

(7) Das Kristallsalz **BLEU DE PERSE** kommt aus dem Iran. Seine Farbe beruht auf der Einlagerung von Eisensulfat in den Salzstöcken. Das Salz hat eine trockene Struktur und eignet sich daher auch sehr gut für die Salzmühle.

HILFSSTOFFE UND ZUSÄTZE

Salze werden auch mit diversen Hilfsstoffen und Zusätzen vermischt: Damit Kochsalz rieselfähig bleibt und keine Klümpchen bildet, werden sogenannte Rieselhilfen (z. B. Calciumcarbonat, Kieselsäure oder Magnesiumcarbonat) zugesetzt. Der Zusatz muss auf der Verpackung angegeben werden.

Jod- oder/und Fluorzusätze tragen gesundheitlichen Präventionsabsichten Rechnung. Beim jodierten Speisesalz wird dem Salz Natrium- oder auch Kaliumjodat beigemischt (15 bis 25 mg/kg Salz). Dies soll dazu beitragen, die hierzulande in der Regel jodarme Ernährung auszugleichen und Jodmangelerkrankungen (z. B. Kropf) vorzubeugen.

Fluoridiertes Speisesalz, im Handel als Jodsalz mit Fluor gekennzeichnet, enthält neben Jod auch bis zu 250 mg Fluorid/kg Salz. Ziel der Salz-Fluoridierung ist die Kariesprophylaxe, denn Fluorid fördert die Mineralisierung von Zähnen und härtet den Zahnschmelz – beides kann helfen, Karies zu vermeiden.

Darüber hinaus sind sogenannte Vitaminsalze im Umlauf, also Mischungen aus Speisesalz, Kräutern und bestimmten Vitaminen, z. B. Folsäure. Mit Folsäure versetztes Salz weist eine gelbliche Färbung auf. Die Vitaminmenge ist dabei so bemessen, dass mit einer Aufnahme von 1,25 g des Vitaminsalzes etwa der halbe Tagesbedarf gedeckt werden kann, um einer Unterversorgung vorzubeugen. Tatsache ist jedoch, dass gesunde Personen mit einem normalen Bedarf ihren täglichen Vitaminbedarf hierzulande in der Regel durch eine ausgewogene, vollwertige Ernährung decken können. Von Ernährungswissenschaftlern und Verbraucherschützern wird zudem kritisiert, dass Vitaminsalze beim Verbraucher den Anschein erwecken könnten, dass Salz ein besonders gesundes Produkt sei.

Gewürzsalze und -zubereitungen

Voll im Trend liegen nicht nur pure Salze, sondern auch Gewürzsalze, häufig als Kräutersalze bezeichnet. Sie bestehen aus bis zu 85 % Kochsalz und müssen mindestens 15 % Kräuter bzw. Gewürze enthalten. Im Handel werden Gewürzsalze entweder nach der Art der Zusätze oder nach dem jeweiligen Verwendungszweck gekennzeichnet (z.B. Knoblauchsalz, Trüffelsalz, Steaksalz). Früher war die Zubereitung von Gewürzsalzen allgemein haushaltsüblich und diente vor allem der Konservierung von Kräutern. Heute steht das intensive Aromaerlebnis im Vordergrund, denn von den

(8) Für echtes **RAUCHSALZ** wird Meersalz meist über Hickory- oder Roterlenholz geräuchert. So entwickelt das Salz den typischen Rauchgeschmack und seine dunkle Färbung.

(9) **ROSENSALZ**, das aus feuchtem Meersalz und Rosenblüten hergestellt wird, ist besonders in der marokkanischen Küche beliebt. Das Gourmetsalz schmeckt aber auch in Salaten, zu Fisch, Quark und Gemüse.

Auf Heller und Pfennig: Salz als Geld

Wenn der Winterdienst Salz auf vereiste Straßen streut, freut sich der Autofahrer. Eine undenkbare Vorstellung in Zeiten, als Salz immensen Wert besaß. Dann hätte man sein »salarium« ja gleich zum Fenster hinauswerfen können. Denn in den Lohntüten römischer Staatsdiener und Legionäre befand sich neben Münzen auch eine Ration Salz. Diesem Teil des Lohns verdanken wir das Wort Salär (engl. »salary«, frz. »salaire«). Salz wurde im Mittelalter 1:1 mit Gold aufgewogen; in Zentralafrika konnte man sogar direkt mit Salz bezahlen. Amoli hieß das Salzgeld, das in Äthiopien, Eritrea, Nigeria, Mali oder im Kongo schon zur Römerzeit als Zahlungsmittel im Umlauf war. Es wurde aus Salzplatten zu Barren von 20 bis 30 cm Länge, 4 bis 6 cm Breite und ca. 3 cm Dicke gesägt, die zum Schutz vor dem Auseinanderbrechen mit Pflanzenfasern, z.B. Bananenblättern, umwickelt wurden. Da sie ungleich waren – sie wogen zwischen 650 und 950 g – mussten sie beim Bezahlen jeweils geprüft und gewogen werden. Ihr Wert unterlag großen Schwankungen: Je weiter entfernt die Abbaugebiete lagen, desto wertvoller waren sie. Ihr Wert stieg auch während der Regenzeit, in der Salztransporte nahezu unmöglich waren.

Noch im 19. Jahrhundert war Salzgeld in Äthiopien ein übliches Zahlungsmittel. Der Afrikaforscher Gustav Nachtigal berichtet in seinen Aufzeichnungen, dass 1844 für zwei junge Sklaven 20 Amoli bezahlt wurden. Im internationalen Handel waren jedoch richtige Währungen im Einsatz. Durch Sklavenverkauf kamen die in Ostafrika und Arabien begehrten Maria-Theresien-Taler ins Land. Noch Anfang des 20. Jahrhunderts konnte man in Äthiopien 20 bis 50 Amoli gegen einen Taler wechseln.

Heute, da man von den enormen Salzvorräten der Erde weiß, ist Salz billige Massenware. So kann sich der Autofahrer über eisfreie Straßen freuen – es sei denn, er fährt hinter dem Salzwagen.

(10) **BASILIKUMSALZ** ist mittelgrobes Meersalz, das mit Basilikum aromatisiert wurde. Sein intensives Aroma passt gut zu Tomaten und Tomatengerichten.

(11) **PYRAMIDENSALZ,** auch Schneeflocken-Salz genannt, ist eine Rarität aus Meersalz aus Zypern. Die knusprigen Blättchen dienen als edles Tafelsalz.

hausgemachten Gewürzsalzen reichen bereits kleinste Mengen zum Abschmecken von Speisen.

Im Gegensatz zu Gewürzsalzen handelt es sich bei Gewürzzubereitungen um Mischungen aus einem oder mehreren Gewürzen mit anderen geschmacksgebenden Zutaten und Salz (z.B. Barbecue-Grill-Gewürzzubereitung), wobei ein Gehalt von mehr als 5 % Kochsalz kenntlich gemacht werden muss.

Diverse Spezialsalze

Nitritpökelsalz wird bei der industriellen und handwerklichen Herstellung von Fleisch- und Wurstwaren eingesetzt. Neben der konservierenden Wirkung von Salz im Allgemeinen hemmt das dem Kochsalz zugesetzte Natriumnitrit (0,4–0,5 %) die Entwicklung zahlreicher Mikroorganismen. Zudem erhalten mit Nitritpökelsalz hergestellte Produkte eine appetitliche rosa bis rote Farbe sowie einen typischen Geruch und Geschmack (Pökelaroma). Nitritpökelsalz kann zusätzlich auch jodiert sein. Der gewerbliche Einsatz von Nitritpökelsalz ist nur Fachleuten (z.B. Fleischern) erlaubt.

Pastetensalz, eine spezielle Mischung, die vor allem für Fleisch-, Geflügel- und Wildgerichte Anwendung findet, lässt sich leicht selbst herstellen: Dazu mischt man 1 kg Tafelsalz mit 40 g Pastetengewürz; Letzteres besteht z.B. aus je 10 g Pfefferkörnern, Paprikapulver edelsüß und Nelken, je 8 g Thymian, Basilikum, Muskatnuss, Macis und Ingwer sowie je 5 g Paprika rosenscharf, Majoran und Piment.

Rauchsalz, auch Hickorysalz genannt, ist ein aromatisiertes Speisesalz, das ursprünglich aus den USA stammt. Es verleiht Speisen einen rauchigen Geschmack, der an Schinken erinnert, und passt daher gut zu Kurzgebratenem, in Barbecuesaucen (S. 115) oder zu selbstgemachtem Weißbrot (S. 112). Rauchsalz wird auf zwei Arten hergestellt: Für hochwertiges »echtes« Rauchsalz (S. 45, Bild 8) wird Meersalz über Hickory- oder Roterlenholz geräuchert. Etwas preiswerter ist dagegen künstlich aromatisiertes Salz. Letzteres enthält jedoch häufig auch Glutamat, einen Geschmacksverstärker, der im Zusammenhang mit Allergien und Lebensmittelunverträglichkeiten in die Diskussion geraten ist. Glutamatzusatz in Lebensmitteln ist hierzulande kennzeichnungspflichtig (E 620 bis 625).

(12) **HIMBEER-GEWÜRZSALZ** ist eine Salzkreation aus Meersalz und getrockneten Himbeeren, die hervorragend zu Fisch, Krustentieren und Früchten passt. Ein entsprechendes Rezept finden Sie auf Seite 141 »Kabeljau mit Himbeersalz«.

Sonstige salzende Zutaten

Neben den diversen Salzarten, den Gewürzsalzen und -mischungen können auch noch weitere Produkte in der Küche als Salzersatz dienen: Das bekannteste Beispiel ist die Sojasauce, der vor allem im asiatischen Raum große Bedeutung als Salzersatz zukommt, und der daher ein eigener Abschnitt gewidmet ist (S. 52 f.). Auch im Rezeptteil wurde bewusst auf die asiatische Art zu salzen Rücksicht genommen (S. 104, 144). Neben Sojasauce kommen international sowie hierzulande beispielsweise auch Sardellen, Kapern, Oliven, Speck oder Corned Beef sowie Fischsauce, Haloumi, Klippfisch oder Miso als indirekt salzende Zutaten beim Kochen zum Einsatz. Die entsprechenden Speisen kommen dann entweder ganz ohne weiteres Salz oder aber mit einer geringeren Zusalzmenge aus. Der wachsenden Vielfalt derartiger Produkte im Handel trägt dieses Buch Rechnung: Im Praxisteil finden sich auch Rezepte, deren Salzgehalt sozusagen indirekt verursacht wird (S. 88, 102-104, 122, 138, 144).

Kochsalz-Ersatzmittel

In Diätsalzen, die vor allem bei natriumreduzierter Kost zum Einsatz kommen (z.B. bei Bluthochdruck), wird Natrium mehr oder weniger vollständig durch Kalium ersetzt (sogenanntes natriumarmes bzw. natriumfreies Salz). Zusätzlich enthält Diätsalz auch noch Calcium, Magnesium und verschiedene organische Säuren. Dies führt dazu, dass Diätsalz nicht ganz wie normales Salz schmeckt, sondern ein leicht bitteres bis säuerliches Aroma aufweist. Es kann jedoch zum Salzen von Speisen verwendet werden, weshalb man Diätsalz auch als Kochsalz-Ersatzmittel bezeichnet.

(13) **GROBES WEISSES SALZ** ist ideal für Salzmühlen. Auch geeignet für Salzkrusten oder Marinaden, in denen es Zeit hat, sich aufzulösen.

(14) **SEL GRIS DE GUÉRANDE** ist ein feines, handgeerntetes Meersalz von leicht grauer Farbe. Als Tischsalz steingemahlen leicht zu dosieren.

(15) **KALAHARI-SALZ** wird in der südlichen Kalahari-Wüste gewonnen. Es ist ungebleicht und sonnengetrocknet.

Farbige Juwele

Die Welt der exklusiven Gourmetsalze ist bunt: Je nach Durchmischung mit anderen Stoffen weisen sie intensive Farben und verschiedene Aromen auf.

(1) **FLEUR DE SEL** (Salzblüte) ist das teuerste Meersalz – und viel zu schade zum Kochen. Sein außergewöhnliches, intensives Aroma sowie die knusprige Konsistenz machen es so beliebt. Es wird vor allem in der kalten Küche und als Tischsalz verwendet. Naturbelassenes Fleur de Sel weist stets eine Restfeuchte auf, die es ungeeignet macht für Salzstreuer oder Salzmühlen. Daher am besten vor dem Gebrauch von Hand zerreiben.

(2) **ALAEA MEERSALZ** stammt von den im Pazifik gelegenen Inseln Hawaiis, wo es zum Würzen und Konservieren verwendet wird und eine Bedeutung hat in der Medizin, bei Zeremonien und Ritualen. Seine Farbe beruht auf roter Tonerde, mit der es vermahlen wird und die es nur auf diesen Inseln gibt. Aufgrund von leichter Feuchte ist es für Mühlen und Streuer ungeeignet. Es eignet sich für Suppen, Saucen, Marinaden, Fisch und Gemüse.

(3) **BAMBOO JADE SEA SALT** wird aus Pazifikwasser vor der Insel Molokai gewonnen. Es enthält nur 84 % Natriumchlorid; der Rest entfällt auf etwa 80 im Meerwasser vorkommende Mineralstoffe und Spurenelemente, mit denen das Meersalz versetzt wird. Die grüne Farbe beruht auf dem Zusatz von Bambusblätterextrakt. Das Salz ist leicht feucht und daher für Salzmühlen oder -streuer ungeeignet. Es passt gut zu asiatischen Gerichten.

(4) **URMEER-SALZ,** auch Himalaya-Kristallsalz genannt, stammt vom Fuße des Himalaya, dem sogenannten Salt Range, und soll mehr als 250 Millionen Jahre alt sein. Himalaya-Salz hat aufgrund seines Mineralienreichtums eine leicht rötliche Farbe, ist kräftig im Geschmack. Dem Himalaya-Salz wird eine enorme gesundheitsfördernde Wirkung nachgesagt, die sich jedoch vor allem auf esoterische Bereiche bezieht.

Das Salz Asiens

In China, dem Land mit der längsten Salz-Geschichte, und im restlichen asiatischen Raum ist heute Sojasauce die salzende Hauptwürze.

- Hochwertige helle Sojasauce entfaltet ihr mildes Aroma am besten in kalten Gerichten.
- Kräftige, meist dunklere Sojasaucen eignen sich auch zum Kochen.

Von China nach Europa

Ihre Wiege steht in China, in Japan wurde sie verfeinert und holländische Händler brachten sie schließlich nach Europa: Sojasauce hat in Ostasien eine sehr lange Tradition als Salzersatz und ist heute als salzende Würzsauce weltweit in der internationalen Küche zu Hause.

Vor über 2.500 Jahren fiel Sojasauce in China nur als Nebenprodukt bei der Herstellung von Miso an, bei der die braune Sauce (Tamari) abgeschöpft wurde. Ihre wachsende Beliebtheit führte jedoch bald zur gezielten Herstellung und Verbreitung. Im 6. Jahrhundert brachte eine buddhistische Glaubensgemeinschaft die Sojasauce mit nach Japan, wo sie den eintönigen Geschmack des Grundnahrungsmittels Reis verbesserte. Bisher nach traditionellem Rezept hergestellt, wurde etwa im 15. Jahrhundert Gerste, im 18. Jahrhundert Weizen hinzugefügt und die Brauzeit verlängert. Dies führte zu einer vollmundigeren Würze, die schnell zum festen Bestandteil japanischer Ernährungsgewohnheiten wurde. Von Japan aus kam die salzige Würzsauce etwa im 17. Jahrhundert nach Europa.

Herstellungsverfahren

Bei der traditionellen Herstellung wird Sojasauce »natürlich gebraut«: Die in Wasser eingeweichten Zutaten (z. B. Soja) werden mit speziellen Schimmelpilzen geimpft und durchlaufen einen bis zu fünf Jahre dauernden Fermentierungsprozess, an dem auch Milchsäurebakterien und Hefen beteiligt sind. Während dieser Zeit vollzieht sich die geschmackprägende Enzymreaktion, bei der das Eiweiß in einzelne Aminosäuren aufgespalten wird.

In der industriellen Massenproduktion herrschen dagegen chemische Verfahren vor, bei denen das Sojaeiweiß durch Kochen in Salzsäure aufgespalten und mit Hefen und Milchsäurebakterien in wenigen Tagen fermentiert wird. Die so hergestellte

Sojasauce verstärkt den Eigengeschmack von Speisen durch ihren natürlichen Gehalt an Glutamat, einer Aminosäure, die bei der Fermentation von Sojabohnen entsteht.

Sojasauce ist dunkel und trüb, hat sirupartige Konsistenz und ein eher aufdringliches Aroma. Sie wird aus Geschmacksgründen meist mit hochwertigen (hellen) Sojasaucen traditioneller Machart gemischt und zusätzlich mit Salz, Zucker, Karamell, Aromen, Farb- und Konservierungsstoffen versetzt.

Fernöstliche Unterschiede

Überall in Ostasien wird Sojasauce genutzt. Gleichwohl unterscheiden sich die Sojasaucen deutlich; Genießer erkennen an Aroma, Farbe und Konsistenz sofort, um welche Sojasauce es sich handelt.

Grundsätzlich unterscheidet man zwei Arten: Tamari wird nur aus fermentierten Sojabohnen gewonnen; bei Shoyu wird zusätzlich gerösteter Weizen oder auch Reis mitvergoren. Während Saucen in Tamari-Brauart kräftig und salzig schmecken und von den Chinesen bevorzugt werden, ist Shoyu-Sojasauce heller, milder, dünnflüssiger und vor allem in Japan beliebt (helle Sojasauce). Chinesische Sojasaucen werden zudem häufig mit Aromastoffen und Zuckercouleur versetzt. Indonesische und thailändische Sojasaucen sind hingegen meist nachgesüßt und schmecken karamellartig.

KÜCHENPRAXIS
Salz verwenden ...

... und richtig einsetzen

Salz in der Küche

In den Küchen der Welt wird Salz unterschiedlich verwendet: ob dominant oder als ergänzende Würze, in Form von flüssiger Sole oder körnig – stets kommt es auf die Handhabung an.

IN ALLEN KULTUREN hat Salz eine große Bedeutung und jede Kultur hat ihr individuell geprägtes Verhältnis zu Salz. Hierzulande ist Salz eine der wichtigsten Würzzutaten überhaupt. Doch wie erkennt man gutes Salz und wie lagert man es richtig? Die Antworten darauf und auf alle weiteren Fragen zur Salzverwendung liefert dieses Kapitel.

NICHT NUR ALS WÜRZE

Neben seiner Funktion als Würzmittel hat Salz in der Küche auch noch andere wichtige Aufgaben, etwa als schützende Garhülle für Fisch und Fleisch (S. 68 ff.). Als natürliches Konservierungsmittel beschert es Fisch-, Fleisch- und Gemüsespezialitäten, die durch Einlegen, Einsalzen und Pökeln entstehen (S. 72 ff.).
Salz kann aber noch mehr. Schon die Verwendung von nur einer Prise Salz hat merkbare Effekte: Beim Schlagen von Eiweiß bleibt der Eischnee steifer stehen, denn die elektrisch geladenen Atome der Proteine werden von den Salz-Ionen umschlossen, was eine Abstoßung vermindert und die Gerinnung der Proteine beschleunigt. Auch beim Kaffeekochen leistet Salz gute Dienste: Das optimale Aroma erreicht man nämlich nur, wenn Kaffee mit Wasser mittlerer Härte (8 bis 14 Grad deutscher Härte) zubereitet wird. Zu weiches Wasser, das den aufgebrühten Kaffee sauer schmecken lässt, kann durch die Zugabe von nur 1 Prise Salz ausgeglichen werden. Im folgenden Kapitel zeigen wir Ihnen, wie Sie das edle Gewürz Salz am besten einsetzen. Wir wünschen Ihnen viel Spaß beim Ausprobieren und gutes Gelingen!

Salz für die Aromabalance

Die meisten süßen Gerichte werden im Aroma runder, wenn sie zusätzlich mit 1 Prise Salz gewürzt werden (Salz-Zucker-Balance). Umgekehrt gibt man zur Abrundung auch häufig 1 Prise Zucker an pikante Gerichte.

Mit Salz richtig umgehen

Salzqualität beginnt beim Einkauf. Doch auch Lagerung und Art der Verwendung spielen eine Rolle, wenn es darum geht, das Potenzial eines Salzes auszuschöpfen.

JEDER SUPERMARKT bietet Salz an, allerdings zumeist raffiniertes Steinsalz von einfacher Qualität und nur vereinzelt das ein oder andere naturbelassene Meer- oder Steinsalz. Hochwertige Salze und Spezialitäten, wie etwa Lavasalz oder ausgefallene Gewürzsalze, sind im Feinkosthandel, in speziellen Gewürz- und Kräuterläden sowie per Internet erhältlich. Einschlägige Bezugsquellen sind auf Seite 184 aufgelistet.

Qualität kaufen und lagern

Je nach Verwendungszweck erhält man Salz in unterschiedlichsten Körnungen von feinpuderig (z. B. Nuchi-masu) und feinkörnig (Steinsalz) über mittel- und grobkörnig (z. B. Meersalz) bis hin zu ganzen Kristallen (z. B. Himalaya-Salz), die in Wasser gelegt werden, um mit der entstehenden Sole zu kochen. Einen Überblick dazu finden Sie in der Warenkunde (S. 40 ff.).

WIE ERKENNT MAN GUTE SALZQUALITÄT?

Beim Einkauf hilft ein einfacher sensorischer Test: Per Schüttelprobe kann ermittelt werden, ob das Salz bisher vor Feuchtigkeit geschützt verpackt und gelagert wurde und daher nicht mit Qualitätseinbußen (z.B. Verklumpung) zu rechnen ist. Hierzu gibt es jedoch eine Ausnahme: Bei Fleur de Sel, im Handel je nach Herkunftsland auch als Salzblüte, Flor de Sal oder Flos Salis bezeichnet, ist ein leichtes Kleben der Kristalle aneinander ganz natürlich, da es eine gewisse (gewollte) Restfeuchte enthält.
Auch optisch lässt sich Salz prüfen: Es darf keine Verunreinigungen enthalten. Bei Gewürz- oder Kräutersalzen sollten Kräuter oder Blütenzusätze nicht verblasst erscheinen. Bei teuren Salzen lohnt sich ein Blick auf die Zutatenliste: Sie sollten keine Konservierungsmittel oder Aromastoffe (S. 42 ff.) enthalten.

WIE LAGERT MAN SALZ?

Reines Salz, das keine weiteren Hilfs- oder Aromastoffe enthält, ist unempfindlich gegenüber Temperaturschwankungen oder Licht. Sie können es also ebenso gut im Vorratsschrank der Küche wie im kühlen Kellerregal bevorraten. Allerdings ist Salz hygroskopisch, d.h. es zieht Feuchtigkeit an und verklumpt. Daher sollte man Salz zum Lagern unbedingt vor Feuchtigkeit schützen, d.h. luftdicht verpacken. Salz, das Kräuter, Blüten oder andere derartige Zusätze enthält, erweist sich in der Regel zudem als lichtempfindlich und sollte daher, um unerwünschte Farb- und Aromaveränderungen auszuschließen, in Dosen oder dunkle Gläser verpackt werden. Um Salz in Salzstreuern streufähig zu erhalten, gibt man einige rohe Reiskörner mit hinein, sie nehmen ggf. auftretende Luftfeuchtigkeit auf.

WIE HALTBAR IST SALZ?

Salz ist ein Lebensmittel und muss demnach laut Gesetz ein Mindesthaltbarkeitsdatum (MHD) auf der Verpackung ausweisen. Für reines Salz macht das eigentlich keinen Sinn, denn es ist praktisch unbegrenzt haltbar, vorausgesetzt, es wird vor Feuchtigkeit geschützt.
Bei behandeltem Salz, das Hilfsstoffe enthält (z.B. jodiertes Salz), fußt das Mindesthaltbarkeitsdatum auf der Empfindlichkeit des zugesetzten

Stoffes, der sich mit der Zeit durch Temperatur, Feuchtigkeit, Licht, Luft etc. unerwünscht verändern kann. Das Gleiche gilt für Gewürzsalze: Hier ist ebenfalls ausschlaggebend, was zugesetzt wurde. Gewürzsalze, die mit getrockneten Aromen hergestellt wurden, sind in der Regel länger haltbar als solche, die mit frischen Aromen versetzt sind. Bei gekauften Gewürzsalzen ist die Haltbarkeit auf der Verpackung angegeben. Selbst gemachte Gewürzsalze (S. 63 f.) mit trockenen Zutaten sind in der Regel luftdicht verpackt und dunkel gelagert bis zu etwa einem Jahr haltbar, Ausnahmen (z.B. bei Verwendung frischer Zutaten) sind jedoch möglich und beim jeweiligen Rezept direkt angegeben.

Mit Salz würzen

Salz findet als Streuwürze oder aufgelöst im Kochwasser oder in Saucen und Beizen Verwendung (Step 1 bis 4). Dabei gilt das Motto »so viel wie nötig, so wenig wie möglich« – mit einer Ausnahme: Kochwasser, das nicht mitverzehrt wird (z.B. für Nudeln und Klöße), eher reichlich salzen, damit die Speisen genügend Würze erhalten. Doch wie viel Salz braucht ein Gericht? Abgesehen vom individuellen Geschmack, der bei Salz einem starken Gewöhnungseffekt unterliegt, soll die Salzzugabe den Eigengeschmack des Gerichts betonen. Daher am besten am Anfang nur wenig salzen und später ggf. nachsalzen. Dazu eignet sich am besten eine Salzmühle, die das Salz fein verteilt, sodass man nicht auf grobe Kristalle beißt.

MIT SALZ RICHTIG WÜRZEN

(1) Kochwasser für Nudeln, Reis und Klöße reichlich salzen (ca. 1 EL/l Wasser).

(2) Große Bratenstücke vor dem Garen salzen, damit sich das Aroma verteilt.

(3) Innereien (Leber) erst nach dem Garen salzen, sonst werden sie trocken und zäh.

(4) Salzende Zutaten, z.B. Sardellen für Sardellenbutter, möglichst fein zerkleinern.

Je hochwertiger das Salz, umso gezielter und sparsamer sollte es eingesetzt werden. Von edlem (und teurem) Salz reicht oft schon 1 Prise als abschließende Würze.

WANN SALZEN?

Generell gilt: Meistens wird vor oder während des Kochens gesalzen. Ausnahme: Innereien, vor allem Leber, immer erst nach dem Garen salzen, sie wird sonst hart. Braten und große Fleischstücke am besten vorher salzen, damit sich das Aroma besser verteilt. Bei Kurzgebratenem und kleinen Fleischstücken gehen die Meinungen auseinander: Mancher Koch salzt Steak & Co. erst nach dem Braten, da Salz dem Fleisch Wasser entzieht und das Fleisch sonst schnell hart wird. Nach modernen Erkenntnissen ist allerdings nicht das Salz allein verantwortlich für zähes Fleisch: Ausschlaggebend ist die Zeit, die das Salz hat, Wasser zu entziehen. Das bedeutet: Ein Steak kann ebenso gut unmittelbar vor dem Auflegen auf den gut vorgeheizten Grill gesalzen werden, da es dann in der kürzest möglichen Zeit gegart wird. Marinaden zum Einlegen von Grillfleisch sollten kein Salz enthalten; das Fleisch besser erst nach der Zubereitung salzen. Ebenso wird alles erst am Schluss gesalzen, was zuvor stark eingekocht wird, wie Essenzen (z. B. für Saucen) und Reduktionen wie beispielsweise Fleischjus, der als eine Art natürliches Geschmackskonzentrat zum Verbessern des Aromas von Suppen oder Saucen eingesetzt wird.

WELCHES SALZ WOFÜR?

Unter Feinschmeckern gilt: Salz ist nicht gleich Salz. Köche beklagen, dass behandelte Salze meist nur noch scharfsalzig schmecken und empfehlen sie daher nur zum Würzen von Kochwasser oder zum Einlegen. Natursalze dagegen sind milder und schmecken nicht nur rein salzig, sondern weisen feine Geschmacksnuancen auf, je nachdem, welche Mineralstoffe außer Natrium und Chlor noch enthalten sind. Daher empfehlen Köche zum Würzen von Speisen mild schmeckende unbehandelte Salze, die in Farbe und Aroma eine sehr große Bandbreite aufweisen (S. 40 ff.). Zum generellen Abschmecken empfiehlt sich etwa ein qualitativ hochwertiges Fleur de Sel, das mildaromatisch salzt und mit dem man sich nicht so schnell »verwürzt« wie mit weniger milden oder aromatisch ausgefalleneren Varietäten (z.B. rotes Alaea-Tonerdesalz). Für individuell ausgeprägte Salzwürzung stehen zudem eine Reihe ausgefallener Spezialitäten zur Verfügung, die einem Gericht eine individuelle Note geben und daher auf den Einsatz im Einzelfall abgestimmt sein sollten. So passt etwa ein luxuriöses schwarzes Lavasalz besonders gut zu Jakobsmuscheln, grünes Bamboo Jade Meersalz harmoniert mit Gerichten der asiatischen Küche, Rosensalz veredelt marokkanische Gerichte, passt aber auch zu Quark-, Gemüse- und Fischgerichten, und Rauchsalz eignet sich besonders für Brat- und Grillgerichte. Weitere Empfehlungen zur Verwendung finden sich in der Warenkunde (S. 40 ff.) oder im Anhang (S. 180 ff.).

GROB ODER FEIN?

Ob man grobes oder feines Salz verwendet, hängt in erster Linie davon ab, wie viel Zeit das Salz hat, sich im Gericht aufzulösen: Manch einer findet es unangenehm, auf Salzkristalle zu beißen. Allerdings sind gerade auch diese kleinen Würzakzente, wie sie beim Zerbeißen hochqualitativer, feinaromatischer Salzkristalle auftreten, kennzeichnend für den neuen Genuss, den hochwertige Salze aus aller Welt mit ihren diversen Geschmacksnuancen bereiten.

So gilt: Zum Einlegen, Beizen, Kochen und längeren Garen (z.B. Braten, Schmoren) passt grobes Salz, das sich im Verlaufe der Anwendungszeit gut auflöst; zum späten Würzen und Nachsalzen bei Tisch passt feines Salz, am besten aus einer Salzmühle, wahlweise aber auch Gourmetsalz gröberer Struktur, wenn ein individueller Effekt erreicht werden soll (Gourmetköche sprechen hierbei vom sogenannten »on-Top-Finish«). Ausschließlich feines Salz sollte man dagegen verwenden, wenn es nur in kleinsten Mengen verarbeitet wird, da es hier lediglich zur Abrundung dient und geschmacklich keinesfalls auffallen darf, etwa in Süßspeisen.

Ähnliches gilt auch für die Verwendung von salzenden Zutaten (S. 60, Step 4): Sardellen, Kapern & Co. müssen fein zerkleinert werden, damit sich ihr Salzgehalt gleichmäßig in der Speise verteilt.

Gewürzsalze selbst zubereiten

Einst diente das Einsalzen von Kräutern der Haltbarmachung. Heute steht die Aromakonservierung im Fokus, daher gilt: Frisch zubereitet sind Gewürzsalze am besten.

DIE VIELFALT an käuflichen Gewürzsalzen ist enorm: Kaum eine Mischung, die es nicht gibt. Doch abgesehen vom Aroma, das nicht selten hinter den Erwartungen zurückbleibt, ist nie ganz sicher, was drin ist. Außer dem Blick auf die Zutatenliste und Vertrauen in den Hersteller hilft nur, die Aromasalze selbst herzustellen. Der Vorteil: Die selbst hergestellten Gewürzsalze stehen frisch zur Verfügung und weisen ein hervorragendes Aroma auf.

Das Herstellungsprinzip

Als Grundlage für Gewürzsalze dient bestes mittelgrobes bis grobes Meersalz. Hinzukommen frische oder getrocknete Kräuter, Blüten oder Früchte, die mit dem Salz ver-

mischt und nach ein bis mehreren Tagen Zeit zum Durchziehen zusammen vermahlen werden.
Achten Sie auf beste Qualität der Kräuter und Blüten: Kaufen Sie nur Bioware, die nicht gespritzt oder aromatisiert ist. Kräuterläden und das Internet (S. 184) bieten z.B. Bio-Vanillestangen für Vanillesalz (Step 1, 2 und 3) oder Bio-Rosenblüten für Rosensalz (S. 65, Step 1, 2 und 3).
Im Folgenden wird die Herstellung von fünf Gewürzsalzen vorgestellt:

TROCKENES KRÄUTERSALZ

Frische Kräuter nach Belieben (z.B. Petersilie, Schnittlauch, Dill, Liebstöckel, Estragon, Thymian, Salbei, Majoran), ganz nach Geschmack und Verfügbarkeit auch gemischt mit Wildkräutern (z.B. Bärlauch, Taubnessel, Sauerampfer) im Backofen (max. 50 °C) oder Dörrapparat trocknen und gut auskühlen lassen. Geben Sie die Kräuter mit der doppelten Menge grobem Meersalz in ein luftdicht verschließbares Glas und lassen Sie die Mischung mindestens 2 Tage durchziehen. Dann alles in einen Mixer (oder in eine elektrische Kaffeemühle) geben und bis zur gewünschten Körnung mahlen. Das intensive Kräuteraroma passt zu fast allen Gerichten, vorausgesetzt kein einzelnes Kraut ist zu dominant. Am besten vorsichtig dosieren.

VANILLESALZ SELBST HERSTELLEN

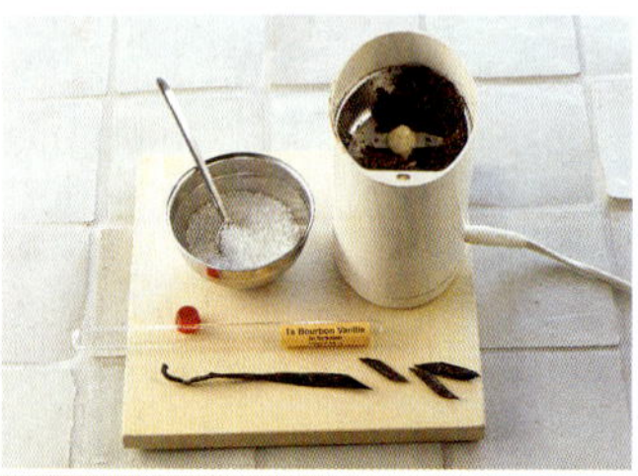

(1) 2 Vanilleschoten mit der Schale in kleine Stücke schneiden und anschließend in einem Mixer fein zermahlen.

(2) 50 g grobkörniges Meersalz mit in den Mixer geben und gründlich unter die gemahlene Vanillemasse mischen.

(3) Das Vanillesalz in ein luftdicht schließendes Glas geben und vor der Verwendung 1 Tag aromatisieren lassen.

LIMETTEN-/ORANGENSALZ

5 Limetten (oder 2 große Orangen) mit der Schale in dünne Scheiben schneiden und auf einem mit Backpapier ausgelegten Backblech ausbreiten. Mit Puderzucker bestreuen und 2 bis 3 Stunden bei 80 °C (Umluft) trocknen. Dann gut auskühlen lassen, mit 100 g grobem Meersalz vermischen und mit einem Mixer (oder in der elektrischen Kaffeemühle) nicht zu fein mahlen. Das Salz passt zu Fisch- und Geflügelgerichten sowie zu Garnelen (S. 142) oder Guacamole (S. 164).
Nach dem gleichen Prinzip lassen sich auch viele andere Gewürzsalze herstellen, z.B. Sellerie-, Tonkabohnen-, Oliven- oder Ingwersalz etc. Am besten einfach ausprobieren.

KAKAOSALZ

50 g Maldon Salz (S. 184) mit ½ TL Kakaopulver, 2 EL zerstoßenen Kakaobohnensplittern (S. 184), ½ TL grob gemahlenem Piment, ½ TL Steinpilzpulver, 1 Msp. Chilipulver und 4 sehr fein gehackten Limettenblättern vermischen. Die Mischung in eine passende Gewürzdose füllen und vor der Verwendung 1 Tag ziehen lassen. Kakaosalz passt zu gebratener Gänseleber, Kalb, Lamm und gebratenem Fisch. Reiben Sie das Salz einfach vor dem Braten gut in das Lebensmittel ein.

ROSENSALZ SELBST HERSTELLEN

(1) Etwa 25 g getrocknete Bio-Rosenblüten vom Stiel befreien, sodass ungefähr 20 g Blütenblätter übrig bleiben.

(2) Die Rosenblütenblätter mit 100 g grobem Meersalz nur kurz im Mixer zu einem mittelgroben Gewürzsalz zerkleinern.

(3) Die Salzmischung in einem Glas luftdicht verschließen und vor der Verwendung etwa 2 Tage aromatisieren lassen.

Salz im Bade – gestern und heute

Nach sechs Ehejahren und einer Reihe von Fehlgeburten kamen 1830, 1832 und 1833 Schlag auf Schlag die »Salzprinzen« zur Welt. So nannte man im Volksmund den österreichischen Thronfolger Franz Joseph und seine Brüder Ferdinand Maximilian und Karl Ludwig. Ihre Mutter, Erzherzogin Sophie, Tochter des Bayerischen Königs Maximilian. I, war felsenfest davon überzeugt, dass die Solekuren in Bad Ischl, zu denen ihr Leibarzt geraten hatte, sie von der vermeintlichen Unfruchtbarkeit geheilt hatten. Bad Ischl wurde zum Kurort von Welt. Hier nahm auch die Romanze von Sophies Nichte, Elisabeth von Bayern, der späteren Kaiserin Sissi, mit ihrem »Franzl« ihren Lauf.

Medizinische Seebäder kamen im 19. Jahrhundert in Mode. Vorreiter war Dr. Charles Russel in Brighton, dem französische Ärzte folgten, die die Thalassotherapie propagierten. Bei dieser Therapie spielten zusätzlich zum Bad im Meerwasser und zur Salinität der Luft Algen und Schlick eine Rolle. Neu ist die Methode, mit Meerwasser Leiden zu kurieren, nicht. Schon die alten Ägypter und Griechen wendeten sie zur Behandlung von Nervenleiden oder Hauterkrankungen wie Neurodermitis oder Akne an und schickten bereits Kleopatra und Herodot zur Salzwasserkur ans Tote Meer. Letzteres besitzt den höchsten Salzgehalt überhaupt. Kein Mensch kann in dem salzigen Gewässer untergehen, kein Fisch darin überleben, aber auf Nerven- und Hautzellen wirkt es anregend und kurbelt die Zellregeneration an. Auch das heiße Wüstenklima und der hohe Sauerstoffgehalt der Luft – das Tote Meer liegt 400 m unter Meereshöhe – tragen zum Heilklima der Kurbäder im israelisch-jordanischen Grenzland bei.

Im 19. Jahrhundert ließ der in Mode gekommene Badetourismus auch die Solebäder im Binnenland aufblühen – als Ersatz für die Seebäder. Mit Begeisterung unterzog man sich von Bad Bramstedt bis Abano Terme Solekuren und ließ Kochsalzwickel, -massagen, -peelings oder -dampfbäder über sich ergehen. Die neue Badekultur stellte eine zusätzliche Wertschöpfung bzw. Umnutzung stillgelegter Salinen dar. Nun legte man beispielsweise nicht mehr nur die Schinken aus Bayonne in der Salzlake aus der südwestfranzösischen Saline Salies-de-Béarn ein, sondern sozusagen auch die Kurgäste. Im oberitalienischen Salsomaggiore, das jahrhundertelang das Salz für Parmaschinken geliefert hatte, stellte man die Salzproduktion ganz ein und eröffnete nach zehnjährigem Umbau 1923 in der alten Saline das schönste Jugendstilbad Italiens. Wie Sardinen in der Büchse suhlten sich nun gesunde wie kranke Badegäste in der Solewanne des Kurhauses. Salzbäder sind ein uraltes Heilmittel, das schon Hippokrates (460 v. Chr.) bei einer Vielzahl von Beschwerden anordnete. Das Einsatzgebiet reicht heute von Rheuma, Polyarthritis, Allergien, Atemweg-, Wirbelsäulen- und Gelenkerkrankungen, Hautleiden, Durchblutungsstörungen bis zu Frauenleiden, womit die Liste längst nicht komplett ist. In der modernen Intensivmedizin sind Kochsalzinfusionen unverzichtbar, in der Ernährung hat es als Trägersubstanz von Jod und als Hausmittel bei Erkältungen seinen festen Platz. Jeder, der unter einer verstopften Nase und Nasennebenhöhlenentzündungen leidet, weiß, wie gut Kochsalzspülungen und -inhalationen tun, ganz abgesehen vom Spaziergang in Meeresluft.

Salz ist nicht nur Speisenwürze, sondern auch wohltuend für Nerven, Haut und Knochen.

Die positive Wirkung von Salz auf Haut, Atmungsorgane und Wohlbefinden machen sich neuerdings auch moderne Wellnessoasen zunutze. Ob in Chicago oder Bad Griesbach, immer mehr Salzgrotten bzw. Salzräume eröffnen, die das Mikroklima eines Salzbergwerks imitieren. Mit Salz in der Luft, Meersalz unter den Füßen und Salzlampen als Beleuchtung lässt es sich leicht unter Stalagtiten vom Alltagsstress erholen.

Garen in Salz

Ob Salzbett, -mantel oder -teig: Hier ist Salz die Hauptzutat und gibt nicht nur Würze, sondern schützt auch das zarte Aroma und die Saftigkeit des Ausgangsprodukts.

Ob Fisch, Fleisch oder Gemüse: In einer Hülle aus Salz garen die Produkte aromatisch und sehr sanft.

AM BESTEN GEEIGNET für das Garen in Salz sind Fisch, Fleisch und Gemüse, denn sie alle haben ein feines Aroma, das geschützt werden muss, und übergaren leicht, was sie trocken oder strukturlos geraten lässt. Je nach Produkt stehen verschiedene Methoden zur Verfügung, doch egal, ob Salzbett, -mantel oder Salzteighülle: Alle drei sind optimal geeignet, das Fleisch während des Garprozesses im Aroma zu verstärken, ohne dass es zu salzig wird.

Bett oder Decke

Doch welche Methode für welchen Zweck? Gemüse, kleinere Fische oder Fischstücke legt man häufig auf ein Bett von (gewürztem) Salz. Bei Fleischteilen zum Kurzbraten stellt man das Salzbett kurzerhand auf den Kopf und macht eine Salzdecke daraus (auch Haube genannt); so kann die Fleischunterseite aus geschmacklichen Gründen (Röststoffe) zusätzlich angebraten werden.

Mantel oder Kruste

Fisch und Fleisch kann man auch vollständig in Salz einhüllen, das mit Wasser oder Eiweiß zu einer formbaren Masse vermischt wird. Fachsprachlich als Salzmantel oder -kruste bezeichnet, wird diese beim Garen steinhart und wirkt wie eine Dampfsperre, sodass das Lebensmittel im eigenen Saft schonend gart.

ROASTBEEF IN DER MEERSALZKRUSTE

1 EL schwarze Pfefferkörner
1,5 kg Roastbeef • 1 kg Meersalz
1 Eiweiß • 1–2 EL frische Thymianblättchen

1. Den Backofen auf 250 °C vorheizen. Den Pfeffer im Mörser grob zerdrücken und das Roastbeef rundherum damit einreiben.

2. Das Salz mit dem Eiweiß und dem Thymian vermischen (Step 1). Eine ofenfeste Form, die etwas größer ist als das Fleischstück (z. B. ein Bräter), 1 bis 2 cm hoch mit dem Salz füllen und dieses andrücken. Das Fleisch darauflegen und genauso hoch mit Salz umhüllen (Step 2).

3. Das Roastbeef im vorgeheizten Backofen (mittlere Schiene) 40 bis 45 Minuten braten. Das Fleisch soll innen noch rosa sein und eine Kerntemperatur von 58 bis 60 °C aufweisen. Die Salzkruste mit einem Hammer aufschlagen und abheben, am Fleisch anhaftendes Salz abstreifen und das Fleisch servieren (Step 3).

FLEISCH IN SALZKRUSTE ZUBEREITEN

(1) Das Salz in einer Schüssel mit dem Eiweiß und den Aromazutaten (z. B. frische Thymianblättchen) vermischen.

(2) Etwa fingerbreit Salz in die Form geben, das gepfefferte Fleisch (hier Roastbeef) darauflegen und mit Salz abdecken.

(3) Das Fleisch nach Rezept garen. Zum Servieren die Salzkruste mit einem Hammer aufschlagen und abheben.

Salzteig für Fisch & Fleisch

Auch Salzteig gibt Würze und Schutz. Er ist allerdings noch plastischer als eine lediglich mit Eiweiß oder Wasser vermischte Salzmasse und eignet sich daher auch für unregelmäßig geformte Lebensmittel, die in keine fertige Form passen (z.B. Rehkeule). Salzteig wird nach dem Garen nicht mitverzehrt. Er kann im Voraus hergestellt werden und hält sich gekühlt 2 bis 3 Tage.

Salzteig lässt sich äußerst dekorativ gestalten: So hüllen künstlerisch ambitionierte Köche ganze Fische in Salzteig und modellieren die Fischform mit allen Details aus. Gourmets präsentieren hochwertige Zutaten,

FISCH IN SALZTEIG ZUBEREITEN

(1) Den Teig 1 cm dick ausrollen, den vorbereiteten Fisch auflegen und die Kontur ausschneiden.

(2) Einen zweiten Fisch ausschneiden, der rundherum etwa 4 cm größer ist; die Teigränder umschlagen.

(3) Mit Eigelb bestreichen, den ersten Teigfisch andrücken und den Fisch im Salzteig umdrehen.

(4) Die Flossenform einschneiden, runde Schuppen ausstechen und mit Eigelb aufkleben.

(5) Den Kopf, das Maul und die Augen aus Teig formen. Bauch- und Rückenflossen formen und anlegen. Anschließend den Fisch mit Eigelb einpinseln.

die von Natur aus nicht so schön aussehen (z. B. Wildschweinnieren) ansprechend modelliert in Salzteig (z. B. mit Eichenlaubmotiv).

LOUP DE MER IN SALZTEIG

250 g Mehl • 150 g mittelgrobes Meersalz • 1 TL Öl • 1 EL Essig 2 Eier • 1 Loup de mer (oder Steinbutt) • 2 Stängel Petersilie 2 Zweige Thymian • 2 Scheiben Zitrone • Mehl für die Arbeitsfläche • 1 Eigelb zum Bestreichen

1. Für den Salzteig das Mehl mit dem Salz vermischen. Das Öl, den Essig sowie die Eier hinzufügen und alles mit den Knethaken unter Zugabe von wenig Wasser zu einem geschmeidigen Teig verkneten. In Frischhaltefolie wickeln und 3 Stunden im Kühlschrank ruhen lassen.

2. Den Fisch waschen und trocken tupfen. Die Petersilie und den Thymian waschen und gut trocken schütteln. Die Bauchhöhle mit der Petersilie, dem Thymian und den Zitronenscheiben füllen.

3. Den Teig auf einer bemehlten Arbeitsfläche oder auf Backpapier etwa 1 cm dick ausrollen, den Fisch darauflegen und die Umrisse rundherum mit einem Messer ausschneiden (S. 70, Step 1). Den restlichen Teig zusammenkneten, erneut ausrollen, wieder den Fisch auflegen und diesmal die Umrisse etwa 4 cm größer ausschneiden (S. 70, Step 2).

4. Den Teigrand nach oben um den Fisch schlagen, mit Eigelb bepinseln und die kleinere Fischkontur so auflegen, dass der ganze Fisch von Salzteig eingehüllt ist. Den Teig etwas festdrücken (S. 70, Step 3). Den Fisch umdrehen und mit dem Backpapier auf ein Backblech legen. Den Backofen auf 220 °C vorheizen.

5. Aus dem restlichen Teig runde Schuppen ausstechen und vom Schwanz zum Kopf hin leicht überlappend auflegen (S. 70, Step 4). Das Maul ausformen und ein Auge mit Pupille auflegen. Auch Rücken- und Bauchflossen aus dem Teig formen und anlegen (S. 70, Step 5).

6. Die Oberfläche des in Teig gehüllten Fisches mit Eigelb bepinseln. Den Fisch 10 Minuten bei 220 °C anbacken, dann die Hitze reduzieren (180 °C) und den Fisch je nach Größe 15 bis 25 Minuten fertig garen.

Mit Salz konservieren

Lebensmittel mit Salz haltbar zu machen, hat eine sehr lange Tradition. Ob Beizen, Einsalzen oder Pökeln ist (nicht nur) eine Frage des Geschmacks ...

SALZ KONSERVIERT, das wussten schon die alten Ägypter, die Pökelfleisch als Vorrat horteten. Die Basis für die Konservierung mit Salz ist dessen Eigenschaft, Wasser zu binden: Salz ist hygroskopisch, d.h. es zieht Wasser an, das dann Mikroorganismen, die für den Verderb von Lebensmitteln verantwortlich sind, nicht mehr als Lebensgrundlage zur Verfügung steht. Diesen Umstand nutzen Menschen beim Haltbarmachen von Lebensmitteln durch Beizen, Einsalzen oder Pökeln.

Beizen

Unter Beizen versteht man das Einlegen eines Lebensmittels zur kurz- und mittelfristigen Haltbarmachung sowie Geschmacksbeeinflussung. Wird dabei mit Kochsalz gearbeitet, steht die Konservierung im Vordergrund. Im Gegensatz dazu ist das Beizen von Wild zu sehen, bei dem mit Wein, Buttermilch und Gewürzen ein Hautgout beseitigt wird und der gewünschte Geschmack verstärkt werden kann.

Das bekannteste Rezeptbeispiel für das Beizen mit Kochsalz ist der Graved Lachs (S. 107), doch eignen sich auch andere Fischarten. Hier wird das Kochsalz zunächst mit anderen Gewürzen bzw. Kräutern (z. B. Pfeffer, Piment, Dill) im Mörser vermischt und auf das vorbereitete Fischfilet gerieben. Das so gewürzte Fischfilet darf mehrere Tage von Gewichten beschwert im Kühlschrank durchziehen. Danach ist der Fisch salzgegart und kann – dünn aufgeschnitten – verspeist werden.

Einsalzen

Das Einsalzen von Lebensmitteln (z. B. Fisch, Fleisch, Gemüse und Kräuter) hat eine langfristige Verlängerung der Haltbarkeit zum Ziel und wird – im Gegensatz zum Pökeln – mit Koch- oder Meersalz (ohne Zusätze) durchgeführt. Ein bekanntes Praxisbeispiel für das Einsalzen ist die Sauerkrautherstellung (Step 1, 2 und 3). Hierfür das Kraut waschen, putzen und sehr fein ho-

EINSALZEN VON GEMÜSE (SAUERKRAUT)

(1) Das Kraut putzen und fein hobeln. Mit Salz und Gewürzen in ein Fass schichten.

(2) Mit dem Stößel stampfen, bis das Kraut Saft zieht, dann die nächste Schicht anlegen.

(3) Die letzte Schicht mit einem Tuch und einem Stein oder Brett abdecken.

beln. Das gehobelte Kraut mit Salz (10 g/kg Kraut) in ein Gefäß schichten (S. 73, Step 1) und stampfen, bis sich reichlich Flüssigkeit gebildet hat (S. 73, Step 2). Dann die nächste Lage Kraut einschichten, wieder stampfen und so fortfahren, bis das Gefäß zu drei Vierteln gefüllt ist. Mit Salzwasser (15 g/l) auffüllen, sodass alles bedeckt ist; die oberste Lage mit Krautblättern bedecken und mit Gewichten beschweren (z. B. Steine; kein Metall; S. 73, Step 3). Das Gefäß mehrere Wochen kühl lagern (Keller), wobei das Kraut in der Lake unter Schaumbildung gärt. Nach 1 bis 2 Wochen wird die dabei gebildete schleimige Schicht abgeschöpft und durch abgekochtes, erkaltetes Wasser ersetzt. In der weiteren Gärungsphase (Milchsäuregärung), die 4 bis 6 Wochen dauert, erhält das Sauerkraut seine typische Konsistenz und den arteigenen Geschmack.

Pökeln

Wird ein Lebensmittel, z. B. Fleisch, mit Nitritpökelsalz (S. 47) eingesalzen, bezeichnet man den Vorgang als Pökeln. Neben der allgemein konservierenden Wirkung von Salz hemmt Natriumnitrit als Bestandteil des Nitritpökelsalzes die Entwicklung von Mikroorganismen. Zudem

DAS PRINZIP DER NASSPÖKELUNG

(1) Das Fleisch (Speck oder Schwarte kann am Fleisch verbleiben) lagenweise in ein Gefäß passender Größe mit Salz einschichten.

(2) Eine Salzlake zubereiten, vollständig auskühlen lassen und anschließend über das Fleisch gießen, bis dieses bedeckt ist.

haben mit Nitritpökelsalz hergestellte Produkte eine appetitliche rosa bis rote Farbe sowie einen typischen Geschmack und Geruch (sogenanntes Pökelaroma). Egal, ob Fleisch mit Salz oder Nitritpökelsalz eingesalzen wird, bei beiden Methoden ist das Fleisch erst nach einer Folgebehandlung genießbar (z. B. Räuchern, Trocknen oder Garen).
Man unterscheidet vier Arten des Pökelns: die Nass-, die Trocken-, die Schnellpökelung sowie das kombinierte Trocken-nass-Pökeln. Die beiden letzteren Verfahren werden i. d. R. nur gewerblich praktiziert und daher nicht weiter ausgeführt.

NASSPÖKELUNG

Beim Nasspökeln (Step 1 bis 4) werden Fleischstücke in eine Pökellake gelegt und darin belassen, bis sie durchgepökelt sind. Das Verfahren eignet sich vor allem für Fleischteile, die zum Kochen bestimmt sind, z. B. Nuss- oder Lachsschinken und Schweinebauch. Meist wird Schweinefleisch verwendet (Schulter, Keule, Hals), es eignet sich jedoch auch Fleisch von Rind, Reh oder Ziege (nur Schulter oder Keule). Bei Wild ist ein besonderes Augenmerk auf die Schlachthygiene zu legen, um Verunreinigungen und Salmonellenkontamination auszuschließen.

(3) Nach Ablauf der Pökelzeit (je nach Größe der Fleischstücke 4 bis 6 Wochen) das Fleisch aus der Lake nehmen und abwaschen.

(4) Das gepökelte Fleisch etwa 8 bis 10 Stunden wässern, anschließend garen oder vor dem Räuchern 1 bis 2 Tage zum Trocknen aufhängen.

Alle Fleischteile sollten annähernd gleich groß sein, damit die Pökeldauer einheitlich ist. Das Fleisch wird in ein Gefäß eingeschichtet (S. 74, Step 1). Anschließend wird eine Salzlake zubereitet, die über das Fleisch gegossen wird (S. 74, Step 2). Die Stärke der Lake variiert je nach Art und Dicke der Pökelstücke: Für Rohschinken mit Stücken von bis zu 1,75 kg rechnet man beispielsweise mit einer Salzkonzentration von 10 Grad. Für das Pökeln im Haushalt, und wenn kein Lakemesser zur Verfügung steht, kann man eine Pökellake aus 700 g Kochsalz, 2 EL Nitritpökelsalz, 70 g Zucker und 4 l Wasser kochen. Das Pökelgefäß wird bei 5 bis 8 °C gelagert. Das Fleisch verbleibt in der Salzlake, bis es durchgesalzen ist (bei Fleischstücken von 1,25 bis 1,8 kg dauert dies etwa 4 Wochen). Dann wird das Fleisch aus der Lake genommen, abgewaschen, gewässert (damit es nicht zu salzig schmeckt) und gegart oder getrocknet, bevor man es räuchert (S. 75, Step 3 und 4).

Der Lakemesser schwimmt im Salzwasser und zeigt auf Wasserhöhe ihre Stärke an, die in Grad angeben wird.

TROCKENPÖKELUNG

Die Trockenpökelung (S. 77, Step 1 bis 6) ist hauptsächlich für Dauerwaren wie Rohschinken oder geräucherten Schweinebauch gebräuchlich. Das Fleisch wird dabei pro Kilogramm mit 30 bis 40 g Nitritpökelsalz (oder Kochsalz) und einem Teelöffel Zucker eingerieben. Nach Belieben können dabei auch weitere Gewürze (z. B. Pfeffer, Koriander) zugegeben werden. Anschließend die Fleischstücke dicht an dicht in ein Gefäß schichten, nach Belieben Zwiebelringe und Knoblauchstücke dazwischenlegen und das oberste Fleischstück mit einem Deckel abdecken, der mit einem Gewicht (Stein,

Konservendose) beschwert wird. Alle zwei Tage das Fleisch herausnehmen und umschichten: das unterste zuoberst und umgekehrt. Im Laufe der Trockenpökelung bildet sich im Gefäß Flüssigkeit, die sogenannte Eigenlake. Sie verbleibt bis zum Pökelende nach 10 (dünnere Stücke, z. B. Bauchfleisch) bis 21 Tagen (dickere Stücke) im Pökelgefäß. Nach Ablauf der Pökelzeit die Lake abgießen und das Fleisch noch 3 bis 4 Tage im Gefäß liegen lassen, damit sich die Salzschärfe noch etwas ausgleicht. Anschließend das Fleisch lauwarm abwaschen, wässern, aufgehängt gut trocknen lassen und anschließend räuchern.

DAS PRINZIP DER TROCKENPÖKELUNG

(1) Das Fleisch mit Nitritpökelsalz (oder Kochsalz) und Zucker gleichmäßig einreiben.

(2) Die Fleischstücke mit Zwiebeln, Knoblauch und Gewürzen dicht an dicht einschichten.

(3) Das oberste Fleischstück abdecken und mit einem Gewicht (z. B. Stein) beschweren.

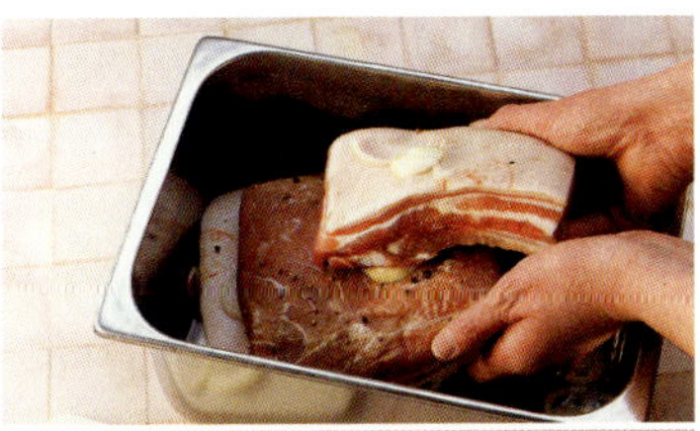

(4) Alle zwei Tage das Fleisch herausnehmen und umschichten, sodass alles gleichmäßig pökelt.

(5) Nach Ablauf der Pökelzeit die Eigenlake abgießen. Das Fleisch 3 bis 4 Tage im Gefäß belassen.

(6) Das Fleisch lauwarm abwaschen, 12 Stunden wässern, 1 bis 2 Tage trocknen, dann räuchern.

Dem Salzfisch auf der Spur

»Bacalao« – Salzfisch steht in vielen isländischen Restaurants auf der Speisekarte. Auch als »Bacalao auf baskische Art«, mit Tomaten, Pfefferschoten, Knoblauch und Olivenöl zubereitet, wie er im »Salthusi« (Salzhaus) in Grindavik als Spezialität des Hauses serviert wird. Nicht von ungefähr, denn Grindavik ist einer der wichtigsten Fischereihäfen Islands und hat gut am Export von Salzfisch in den Süden verdient. Da der

Bretthrarter Klippfisch eroberte von Island aus die Küchen der Welt – und brachte Wohlstand

Salzfisch eine immense wirtschaftliche Bedeutung nicht nur für den Hafen im Südwesten der Insel, sondern für die wirtschaftliche Entwicklung ganz Islands hatte, hat man ihm in Grindavik ein eigenes Museum gewidmet.

Einsalzen und Trocknen sind uralte Methoden, Fisch haltbar zu machen. Kabeljau ist der Fisch, den man am meisten mit dem Begriff Salzfisch verbindet. Das Salzen und Trocknen entzieht dem Fisch Wasser. Er schrumpft zusammen und wandelt sich zum beinharten, schier unbegrenzt haltbaren Kraftpaket, das zu fast 80 % aus Proteinen besteht. Was es bedeutete, Salzfisch zu machen, wusste in den Kabeljau-Hochburgen des Nordens, in Norwegen, Neufundland und Island, jedes Kind. Die Männer gingen auf See, die Frauen, Kinder und Alten verarbeiteten den Fisch an Land: Sie schnitten ihn auf, nahmen ihn aus, salzten ihn ein und legten ihn zum Trocknen auf Holzgestelle oder direkt auf den Klippen in den Wind aus. Von daher leitet sich auch die Bezeichnung Klippfisch ab. Im Gegensatz dazu steht der ebenfalls im Norden verbreitete Stockfisch: Hier werden die Fischhälften ebenfalls ohne Kopf und Eingeweide an der Luft getrocknet, allerdings ohne vorher gesalzen zu werden. Stockfisch ist noch härter (und wasserärmer) als Klippfisch; was den Geschmack angeht, bevorzugen Kabeljau-Liebhaber jedoch meist den gesalzenen Klippfisch.

Die Isländer verdanken dem Salzfisch viel, manche sagen, alles: den Wohlstand und die hohe Lebensqualität, eine der höchsten der Welt. Das war nicht immer so. Der Erlass eines dänischen Handelsmonopols 1602 und das damit verbundene Verbot der Salzeinfuhr und Salzfischausfuhr, das die dänischen Herrscher Island auferlegten, traf die isländische Wirtschaft ins Mark. Die ohnehin nicht von der Natur verwöhnte

Vulkaninsel verarmte zusehends und die Dänen mussten nicht mehr befürchten, dass Island durch den Handel mit dem gefragten Salzfisch wirtschaftlich zu mächtig würde.

Die Isländer trockneten Kabeljau und andere Weißfische weiterhin an der kalten Luft, allerdings nun ohne Salz. »Hardfiskur«, wie sie den Stockfisch nennen, war lange Zeit als Brotersatz gebräuchlich, schließlich gedieh auf der rauen, baumlosen Vulkaninsel so gut wie kein Getreide. Erst als 1855 das Außenhandelsverbot aufgehoben und Salz wieder nach Island importiert wurde, boomte die Produktion von »Saltfiskur«, Klippfisch, erneut.

Westeuropäische Nationen, die bis auf wenige Seemeilen vor Islands Küsten auf Fischzug gingen, wollten am Geschäft mit dem Fisch teilhaben. Drei »Kabeljaukriege« zwischen Island und Großbritannien in der zweiten Hälfte des 20. Jahrhunderts um die fischreichen isländischen Gewässer waren die Folge, aus denen schließlich Island 1975 mit Ausdehnung der Hoheitsgewässer auf 200 Seemeilen als Sieger hervorging. Daraufhin setzte ein unglaubliches Wirtschaftswachstum in Island ein.

Von der Cafeteria des Salzfischmuseums in Grindavik sieht man die Fischer ihren Fang anlanden. Die Fischgründe sind im Vergleich zu früheren Kabeljaugründen, wie den Grand Banks vor Neufundland, immer noch reich, und der Atlantische Kabeljau ist nach wie vor der wirtschaftlich bedeutendste Fisch der Insel. Das nicht zuletzt dank einer Quotenregelung, die der Überfischung gegensteuert. Heute stellt die isländische Fischerei nur noch weniger als 10 % der Arbeitsplätze, aber immer noch etwa 60 % der Exportgüter. Und Klippfisch, dem die Isländer so viel verdanken, hat sich trotz seiner aufwendigen Zubereitung – er muss tagelang gewässert werden – einen festen Platz in der isländischen Küche bewahrt.

REZEPTE

Mit Salz kochen ...

… und kalte pikante Gerichte genießen

Kalte pikante Gerichte

Sie eröffnen ein mehrgängiges Mahl oder sind in der warmen Jahreszeit ein guter Ersatz für heiße Gerichte. Hochwertige Salze verleihen kalten Speisen das gewisse Etwas.

DIE KALTE KÜCHE bietet viel Delikates: Von klassisch bis modern finden sich hier kulinarische Kleinigkeiten neben recht üppigen Gaumenschmeichlern. Alle diese Rezepte erhalten jedoch erst durch ein besonderes Salz oder dessen Handhabung den besonderen Pfiff. Aromatische Salzwürze bekommen die Gerichte aber nicht nur durch die direkte Zugabe von besonderen Salzen, sondern auch indirekt durch die Zubereitung mit stark salzenden Zutaten wie Anchovis oder Salzzitronen. Sie sind fertig käuflich, können aber auch selbst zubereitet werden:

SALZZITRONEN

Für die marokkanische Spezialität brauchen Sie 8 unbehandelte Biozitronen, 750 g mittelgrobes Meersalz, 1 Zimtstange, 1 Lorbeerblatt und 5 Rosmarinzweige. Die Zitronen mit einer Bürste unter heißem Wasser waschen. Von 5 Zitronen an beiden Enden die obersten 2 cm abschneiden und je einen kreuzförmigen Schnitt hineinmachen. Dabei am angeschittenen Ende beginnen, die Zitrone jedoch nicht durchschneiden, sondern nur bis etwa 3 cm vor dem Ende, sodass jede Zitrone noch intakt bleibt. Eine Lage Meersalz in ein sauberes Einmachglas geben, in jede Zitrone mindestens 1 bis 2 EL Salz geben und in das Glas schichten. Die Gewürze und das restliche Salz daraufgeben. Die übrigen Zitronen auspressen und den Saft in das Glas geben. Im Kühlschrank mindestens 3 bis 4 Wochen ziehen lassen. Die Salzzitronen sind ungeöffnet 1 Jahr haltbar und passen zu Fisch- und Fleischgerichten. Vor der Verwendung die Zitronen abspülen; verwendet wird i.d.R. nur die Schale.

Edles Salz als Appetithäppchen

Überraschen Sie Ihre Gäste mit einem Amuse-Gueule der besonderen Art: Servieren Sie ein Edelsalz (z.B. Schwarzes Lavasalz), feinstes Olivenöl und ungesalzenes Weißbrot.

(1)

(2)

CHILI-PFEFFER-SALZ

selbst herstellen

(1) Den Szechuan-Pfeffer in einer Pfanne trocken rösten und anschließend auskühlen lassen.

(2) Den gerösteten Pfeffer im Mörser mit der vorher zerkleinerten Chili zerstoßen und mit dem Salz vermischen.

Ananas-Gurkensalat mit Chili-Pfeffer-Salz

ZUBEREITUNGSZEIT ca. 50 Min.

FÜR DAS CHILI-PFEFFER-SALZ (S. 180)
2 EL Szechuan-Pfeffer • 1 getrocknete rote Chili
3 EL Himalaya-Salz (oder Maldon Salz)

FÜR DEN ANANAS-GURKENSALAT
1 Salatgurke • ½ rote Chili • 1 rote Zwiebel
½ rote Paprika • ½ Ananas • 1 EL Mirin (Asia-Laden) • 2 EL Reisessig • 1 TL Fischsauce
2 EL gehacktes Koriandergrün • 1–2 EL geröstete ungesalzene Erdnüsse

1. Das Chili-Pfeffer-Salz zubereiten, wie links beschrieben. Gurke schälen, längs halbieren, die Kerne herauskratzen und das Fruchtfleisch in dünne Scheiben hobeln. Chili waschen, halbieren, Kerne entfernen und das Fruchtfleisch sehr fein hacken. Zwiebel schälen und halbieren, Paprikaschote putzen und beides in sehr feine Streifen schneiden.

2. Die Ananas schälen, Strunk entfernen und die Frucht in dünne Scheiben schneiden. Chili, Zwiebeln, Mirin, Reisessig, Fischsauce, Ananas und Gurke mischen; 30 Minuten marinieren lassen. Den Salat mit Koriander und Erdnüssen mischen. Mit Chili-Pfeffer-Salz nach Belieben bestreuen. Passt zu gegrilltem Geflügel und Rindfleisch.

Rosenkrautsalat

ZUBEREITUNGSZEIT ca. 1 Std. 10 Min.

ZUTATEN
400 g Spitzkohl • 30 g Rosensalz (S. 65, 184)
60 g Zucker • 1 TL gemahlener Kreuzkümmel
2 EL Zitronensaft • 50 ml mildes Olivenöl
1 EL mittelscharfer Senf • 20 g grob gehackte Walnüsse • 1 EL Pflanzenöl • 1 Zweig Rosmarin • 1 Knoblauchzehe • 1 EL grob geschnittenes Koriandergrün

1. Den Spitzkohl putzen und in Streifen hobeln. Mit 30 g Rosensalz und 40 g Zucker würzen und 5 Minuten kräftig kneten, damit die Gewürze in das Kraut einwirken und es geschmeidig wird. Das Kraut etwa 20 Minuten ziehen lassen, dann noch einmal 5 Minuten durchkneten, in ein Sieb geben und abtropfen lassen, den Saft auffangen.

2. Drei Viertel des Sauerkrautsafts mit Kreuzkümmel, Zitronensaft, Olivenöl, Senf und dem restlichen Zucker zu einem Dressing verrühren und ggf. mit Rosensalz abschmecken. Das Dressing mit dem Kraut mischen und ziehen lassen.

3. Die Walnüsse in einer Pfanne mit Öl, Rosmarin und dem angedrückten Knoblauch goldgelb rösten und warm über den Salat geben. Den Salat mit Koriander bestreuen. Er passt gut zu auf der Haut gebratenem Fisch oder gebratener Poulardenbrust.

Mit Pfirsich und Dill

Der Rosenkrautsalat schmeckt auch hervorragend mit frischen Früchten und Kräutern: Mischen Sie dazu einfach fein geschnittene Pfirsichwürfel roh unter den Krautsalat. Dann passt statt Koriander auch frischer Dill und geviertelte Kirschtomaten geben noch etwas Frische dazu.

S. 45
WARENKUNDE Rosensalz

S. 65
KÜCHENPRAXIS Rosensalz

Salat von grüner Papaya und getrockneten Shrimps

Ganz nach asiatischem Stil wird dieser etwas ausgefallene, fruchtige Salat mit Fischsauce und getrockneten Shrimps »gesalzen«.

ZUBEREITUNGSZEIT ca. 1 Std.

ZUTATEN
3 Knoblauchzehen • 2 EL getrocknete Shrimps (Asia-Laden)
1 TL Shrimpspaste (Asia-Laden) • 200 g Keniabohnen
100 g Kirschtomaten • 50 g Palmzucker • 1–2 TL Butter
4 EL Fischsauce • 2 vollreife grüne thailändische Papayas
80 g geröstete Erdnüsse • Fischsauce zum Abschmecken
4 Limettenblätter (Asia-Laden)

1. Die Knoblauchzehen schälen und fein hacken. In einem Mixer oder in der elektrischen Kaffeemühle die getrockneten Shrimps zusammen mit der Shrimpspaste und dem Knoblauch fein zerkleinern. Die Keniabohnen etwa 4 Minuten in kochendem, leicht gesalzenem Wasser blanchieren, abgießen, abschrecken und abtropfen lassen.

2. Die Kirschtomaten waschen und halbieren. Die Keniabohnen in Stücke schneiden und mit den Tomaten in den Mörser geben. Alles im Mixer oder im Blitzhacker pürieren, bis die Masse eine feine Konsistenz hat.

3. Den Palmzucker in einem Topf mit der Butter bei schwacher Hitze so lange erhitzen, bis er sich aufgelöst hat. Sofort mit der Fischsauce ablöschen und das Püree aus dem Mörser zugeben.

Im Topf alles gründlich miteinander vermengen und vom Herd nehmen. Die Papayas schälen und in dünne Streifen schneiden. Die Erdnüsse im Mörser grob zerkleinern.

4. **Die zerkleinerten Erdnüsse** und die noch warme Palmzuckermasse über die Papaya geben. Alle Zutaten gut durchkneten und nach Belieben mit Fischsauce abschmecken. Die Limettenblätter in dünne Streifen schneiden und unterheben.

SERVIERTIPP Richten Sie den Salat in Schälchen an und garnieren Sie mit Erdnüssen und Streifen von Limettenblättern.

S. 49
WARENKUNDE Fischsauce

Bierradi mit Vanillesalz

ZUBEREITUNGSZEIT ca. 40 Min.

ZUTATEN
100 ml Bier (Helles) • 30 g Vanillesalz nach Belieben (S. 64, 184) • 40 g Muskovato Zucker (oder 30–40 g brauner Zucker) • 2–3 EL Zitronensaft • 100 ml Olivenöl • 1 EL Dijonsenf 1 Stange Zitronengras • 1 Knoblauchzehe 1 Zweig Rosmarin • 1 Rettich (400 g) • 1 EL schwarzer Sesam • 1 EL Schnittlauchröllchen

1. **Das Bier** 3 Minuten kochen lassen, mit Vanillesalz und Zucker würzen, vom Herd nehmen, Zitronensaft, Olivenöl und Senf einmixen. Das Zitronengras putzen und in Stücke schneiden, die Knoblauchzehe in der Schale andrücken. Rosmarin, Knoblauchzehe und Zitronengras 5 Minuten im Biersud ziehen lassen.

2. **Den Rettich schälen** und in runde, 3 bis 5 mm dicke Scheiben schneiden. Den Bier-Gewürz-Sud durch ein Sieb zu den Rettichscheiben gießen, diese 15 Minuten ziehen lassen und dann mit Sesam und Schnittlauch garnieren. Lauwarm servieren und nach Belieben mit Vanillesalz bestreuen.

SERVIERTIPP Rollen Sie dünne Wildschweinschinkenscheiben zur Rosette und stecken Sie diese auf Spießchen. Der Bierradi passt auch zu gebratener Jakobsmuschel, Entenbrust oder Zander.

Radi-Chutney oder Frühlingsröllchen

Für ein warm serviertes Radi-Chutney schneiden Sie den Rettich nicht in Scheiben, sondern in kleine Würfel und schmecken Sie das Bierdressing mit etwas mildem, fein zerdrücktem Gorgonzola ab. Diese Radi-Variante eignet sich auch als Frühlingsrollen- oder Strudelfüllung.

S. 64
KÜCHENPRAXIS Vanillesalz

ROSMARINSALZ
selbst herstellen

(1) Die Rosmarinnadeln ohne Fett unter Rühren kurz anbraten. Vorsicht, sie verbrennen leicht!

(2) Das Meersalz in einen Mörser geben, die Rosmarinnadeln hinzufügen und alles fein zermörsern (oder in einer Kaffeemühle vermahlen).

(3) Das Rosmarinsalz in einem gut schließenden Gefäß bevorraten.

Pfifferlingsalat mit Rosmarinsalz

Die herbstliche Pilzalliance von Pfifferlingen und Austernpilzen harmoniert perfekt mit selbst gemachtem Rosmarinsalz.

ZUBEREITUNGSZEIT ca. 1 Std. 30 Min.

FÜR DAS ROSMARINSALZ (S. 183)
1 Zweig Rosmarin • 100 g grobes Meersalz

FÜR DEN PFIFFERLINGSALAT
400 g kleine Pfifferlinge • 300 g Austernpilze • 2 Schalotten • 5 EL Olivenöl • 20 grüne Pfefferkörner • 1 TL Rosmarinsalz • frisch gemahlener weißer Pfeffer • 2 EL weißer Aceto balsamico • 100 ml Gemüsefond (Glas) • 1 Bund Schnittlauch • 80 g Parmesan

1. Für das Rosmarinsalz den Rosmarin waschen, trocken schleudern, die Rosmarinnadeln vom Zweig zupfen und in einer beschichteten Pfanne kurz anbraten (Step 1). Das Meersalz mit den Rosmarinnadeln fein mörsern (Step 2) und in ein Gefäß mit Deckel geben (Step 3).

2. Für den Pfifferlingsalat alle Pilze trocken abreiben (nicht waschen). Die Austernpilze in 1 cm breite Streifen reißen. Die Schalotten schälen und in feine Streifen schneiden.

3. Die Pilze zusammen in heißem Olivenöl anbraten. Die Schalotten hinzugeben, die Pfefferkörner leicht zerdrücken und mit in die Pfanne geben. Mit Rosmarinsalz und weißem Pfeffer würzen. Mit Balsamico und Gemüsefond ablöschen.

4. Den Schnittlauch waschen, trocken schütteln, in feine Ringe schneiden und unter die Pilze mischen. Den Pfifferlingsalat mit Austernpilzen auf 4 Tellern anrichten. Vor dem Servieren den Parmesan darüberhobeln. Dazu passt Weißbrot.

S. 63 f.
KÜCHENPRAXIS
Gewürzsalze selbst zubereiten

OLIVENSALZ
selbst herstellen

(1) Die entkernten Oliven fein hacken oder im Mixer stückig pürieren.

(2) Die Olivenmasse unter das grobe Meersalz rühren. Sofort verwenden, da das Olivensalz schnell klumpt.

Gazpacho mit Olivensalz

Serviert mit einer gebratenen Garnele wird diese berühmte kalte Suppe zum Augen- und Gaumenschmeichler.

ZUBEREITUNGSZEIT ca. 40 Min.
MARINIERZEIT ca. 2 Std. 20 Min.

FÜR DAS OLIVENSALZ (S. 184)
20 g getrocknete schwarze Oliven (ohne Stein)
100 g grobes Meersalz

FÜR DIE GAZPACHO
150 g Zucchini • 150 g Aubergine • 350 g grüne Tomaten • 1 Salatgurke (350 g) • 2 Stangen Staudensellerie • 40 g Olivensalz nach Belieben 50–60 g Zucker • 2 EL fruchtiges Olivenöl 200 ml Maracujasaft • 1 EL Akazienhonig 1 EL Tomatenmark • 1 EL mittelscharfer Senf 1 Zweig Rosmarin • 1 Zweig Majoran 1 Stängel Zitronengras • 1 Knoblauchzehe 1 rote Zwiebel • ½ rote Paprika • ½ gelbe Paprika • 2 EL Distelöl • 10 Blättchen Minze

1. Das Olivensalz zubereiten, wie links beschrieben (Step 1 und 2). Zucchini und Aubergine waschen, trocken reiben und in 5 mm große Würfel schneiden. Die Tomaten waschen, halbieren und entkernen, die Kerne jedoch aufheben. Das Fruchtfleisch in 5 mm große Würfel schneiden.

2. Die Gurke schälen, halbieren und entkernen, die Kerne aufheben. Das Gurkenfruchtfleisch in 5 mm große Würfel schneiden. Den Staudensellerie putzen, dabei ggf. die Fäden abziehen und den Staudensellerie in feine Scheiben schneiden.

3. Das Gemüse mit 40 g Olivensalz und 40 g Zucker vermischen und 2 Stunden stehen lassen. Anschließend den entstandenen Gemüsefond durch ein feines Sieb in eine Schüssel abgießen. Den Fond mit Tomatenkernen, Gurkenkernen, Olivenöl, Maracujasaft, Akazienhonig, Tomatenmark und Senf im Mixer pürieren und mit Olivensalz und Zucker abschmecken.

4. Den Rosmarin und den Majoran nach Bedarf waschen und trocken schütteln. Das Zitronengras putzen, waschen und fein schneiden. Den Knoblauch in der Schale anquetschen. Rosmarin, Majoran, Zitronengras und Knoblauch in das pürierte Gemüsemus geben und 20 Minuten ruhen lassen. Dann das Gemüsemus durch ein feines Sieb gießen, die ablaufende Flüssigkeit auffangen.

5. Den Gemüsefond abmessen, es sollten etwa 700 ml sein. Die Zwiebel schälen, die beiden Paprikasorten waschen, putzen und alles fein würfeln. Die Zwiebel- und Paprikawürfel mit Küchenpapier trocken tupfen. Dann das Gemüse in heißem Öl in einer Pfanne etwa 2 Minuten anbraten und mit dem Gemüsefond ablöschen, vom Herd nehmen und abkühlen lassen. Gut gekühlt mit gehackter Minze bestreut servieren. Dazu passen gebratene Garnelen.

SESAMSALZ
selbst herstellen

(1) Das Salz in einer trockenen Pfanne kurz erhitzen, um eventuell vorhandene Feuchtigkeit zu trocknen.

(2) Den Sesam im Mörser leicht zerstoßen und mit dem getrockneten Salz vermischen. Nach Belieben mit Fünf-Gewürze-Pulver aromatisieren.

Tee-Eier mit Sesamsalz

Eine Buffetattraktion als kulinarische Hommage an die berühmten tausendjährigen Eier aus dem Reich der Mitte.

ZUBEREITUNGSZEIT ca. 1 Std. 15 Min.
ZIEHZEIT ca. 8 Std.

FÜR DAS SESAMSALZ (GOMASHIO, S. 184)
1 EL Fleur de Sel (z. B. Guérande-Salz) • 5 EL gerösteter ungeschälter Sesam • 1 Msp. Fünf-Gewürze-Pulver nach Belieben

FÜR DIE TEE-EIER
4 Eier • 1 TL Tafelsalz • 2 EL dunkle Sojasauce • 1 Sternanis • 3 cm Zimtstange
2 EL schwarzer Tee • Sesamsalz nach Belieben

1. Für das Sesamsalz das Salz in einer Pfanne kurz erhitzen, um eventuell vorhandene Feuchtigkeit zu trocknen (Step 1). Den Sesam im Mörser leicht zerstoßen, mit dem Salz und mit dem Fünf-Gewürze-Pulver vermischen (Step 2).

2. Für die Tee-Eier die Eier in kochendem Wasser etwa 8 bis 10 Minuten hart kochen und dann auskühlen lassen. Die ausgekühlten Eier in der Schale rundherum leicht anschlagen und vorsichtig zwischen den Handflächen rollen, sodass die Schale Risse bekommt, ohne dass sie abspringt.

3. Die hart gekochten Eier in einen Topf legen, Salz, Sojasauce, Sternanis, Zimtstange und Tee dazugeben. Die Eier mit Wasser bedecken, zum Kochen bringen und etwa 1 Stunde köcheln lassen.

4. Die Eier im Sud auskühlen und über Nacht im Kühlschrank in der Flüssigkeit ziehen lassen. Am nächsten Tag die Eier herausnehmen, schälen, halbieren und mit Sesamsalz bestreut als Appetithappen oder Bestandteil eines Buffets servieren.

S. 50
WARENKUNDE Fleur de Sel

S. 52 f.
WARENKUNDE Sojasauce

Was Hawaii und Lüneburg vereint

Die Erde ist unendlich reich an Salz und bietet Natriumchlorid in unzähligen Varianten an. Fleur de Sel aus der Guérande, Salzflocken von Maldon aus Südengland oder Flor de Sal von der Algarve braucht man Kennern nicht mehr zu empfehlen, deren Spitzenqualität ist bekannt. Nicht nur an den Atlantikküsten, auch rund ums Mittelmeer gab es seit jeher große Salinen wie Barletta, Trapani und Chioggia in Italien, die schon in der Antike und im Mittelalter Salz produzierten. Jede große Mittelmeerinsel besaß nach Möglichkeit ihre eigene Saline: Mallorca, Zypern, Sizilien, Malta, Kreta – überall wurde und wird heute vermehrt qualitativ hochstehendes Meersalz geerntet. So auch auf Ibiza. Salz war dort der Schatz, den es schon zu Zeiten der Phönizier 600 v. Chr. zu verteidigen galt. In den phönizischen Salzgärten, die ein einzigartiges Beispiel vorchristlicher Wasserbaukunst darstellen, wurde das Meerwasser gestaut und das feine Salz nach einem Sommer Verdunstungszeit geerntet. Heute noch erhält das Salz von Ibiza Bestnoten dank der ausgedehnten Seegraswiesen, die als natürlicher Wasserfilter vor der Küste wirken. Seit 1999 sind die Salinen von Sa Caleta auf Ibiza und die Seegrasteppiche mit ihren über 220 Grasarten als Weltnaturerbe eingetragen.

IN (FAST) ALLEN FARBEN

Noch exotischeres Meersalz von der Insel bietet Hawaii. Hier spielen Vulkane und die Kreativität der Produzenten mit hinein. Schon allein optisch fällt Hawaiisalz aus dem Rahmen, da es in Tönen von Rot über Schwarz bis Grün erhältlich ist. Das schwarze Pazifiksalz wird mit Mineralien angereichert und durch Aktivkohle geschwärzt. Wenn die Salzkristalle schön schwarz auf weißen Jakobsmuscheln, gebratenen Kochbananen oder blassen Hähnchenfilets funkeln, schmeckt das Essen gleich zweimal so gut. Das rote Alaea Sea Salt aus Hawaii wird mit ziegelroter, eisenoxidhaltiger, vulkanischer Tonerde (Alaea) vermahlen, eine Technik, die man den Ureinwohnern von Kauai abgeschaut hat, die das Salz für religiöse Rituale färbten. Grünes Hawaiisalz wird mithilfe von Bambusblätterextrakten gefärbt. Weitere Varianten sind bereits auf dem Markt. In Blau gibt es noch keine Salzspezialität made in Honolulu. Diese Farbe kennzeichnet hingegen das Bleu de Perse, »Saphirsalz« aus Persien; seine Farbe verdankt es Einschlüssen von Eisensulfat in den Salzstöcken. Das besonders salzig schmeckende iranische Steinsalz sieht auf Vanilleglace, Gänseleber oder Ofengemüse reizvoll aus.

Mit zartem Rosa dank Eisenoxid und einer Menge an gesundheitlichen Vorzügen aus esoterischer Sicht punktet das sogenannte Himalaya-Salz: Dieses Kristallsalz stammt jedoch weder direkt aus dem Himalaya, noch ist es solch eine »Wundertüte«, als die es manche gern darstellen – ein gutes Steinsalz ist es dagegen allemal. Es wird im südwestlichen Ausläufer des Himalayas, der

Salzspezialitäten finden sich rund um den Erdball: An Küsten, mitten im Land und in Wüsten.

durchschnittlich 680 m hohen, 200 km langen und 10 bis 20 km breiten Salt Range im Pandschab gewonnen, wo sich die größten Steinsalzlager der Erde in relativ geringer Tiefe (100 bis 300 m) befinden. Schon vor über 2.000 Jahren hat man hier zu Zeiten Alexanders des Großen Salz geschürft. Seltenheitswert hat das pakistanische Steinsalz also keinesfalls – aber ein gutes Aroma.

Mit ähnlichen Argumenten wird das südafrikanische Kalahari-Salz als gesundes, natürliches »Ur-Erdsalz« vermarktet. Es wird aus einem Salzsee am Rande der Kalahari-Wüste geschöpft und wie Meersalz an der Sonne getrocknet.

DAS SALZ DER ANDEN

Der größte Salzsee der Welt ist der 12.000 km² große Salar de Uyuni, dessen Salzschicht bis zu 30 m hoch ist. Er befindet sich in den südamerikanischen Anden auf peruanischem und bolivianischem Gebiet. Andensalz wird auch auf den Salzfeldern anderer Salzseen des Altiplano, der riesigen, abflusslosen Hochebene zwischen den Flanken der Ost- und Westanden, auf 3.000 bis 4.000 Meter Höhe in Handarbeit im Tagebau geerntet. Schon die Inkas legten hier einst Terrassen, vergleichbar den französischen Meersalzgärten, zur Salzgewinnung an.

VON LÜNEBURG NACH AFRIKA

Eines der salzreichsten Länder der Erde ist Deutschland, dies nicht nur aufgrund der reichen alpinen Salzlager, an denen Süddeutschland Anteil hat, sondern auch wegen der vielen Salzstöcke im norddeutschen Raum, vor allem in Niedersachsen. Mit Salz verbindet man in Norddeutschland in erster Linie die Stadt Lüneburg, die heute zwar kein Salz mehr produziert, aber dem weißen Gold sehr viel zu verdanken hat, denn sie wurde mit Salz reich und mächtig. Von daher müsste Lüneburg nicht einen Löwen, sondern eine Sau im Wappen tragen, denn die brachte der Legende nach die Solequelle zum Sprudeln: So sollen Jäger vor mehr als 1.000 Jahren in den Tiefen der dichten Wälder, die damals Lüneburg umgaben, eine Wildsau mit weißen Borsten erspäht haben. Bei näherer Betrachtung stellte sich heraus, dass das Borstenkleid des Tiers mit Salz verklebt war und die Sau sich in einem solehaltigen Sumpf gesuhlt hatte. Ein Schinkenknochen – angeblich von der weißen Solesau – befindet sich heute noch in einem Glasschrein im Lüneburger Rathaus zum Andenken an die folgenreiche Entdeckung der Solequellen. Die Lüneburger Saline, urkundlich erstmals 956 n. Chr. erwähnt, wurde zu einem der frühesten industriellen Großbetriebe in Europa und verschlang Unmengen an Holz zum Sieden der Sole. Das Lüneburger Salz verkaufte sich blendend bis in den hohen Norden, in die fernsten Winkel des Baltikums und bis nach Afrika. Es war das Erdöl seiner Zeit und so bedeutend, dass Papst Paulus II. im Jahr 1465 n. Chr. ein Dekret erließ, das den Lüneburgern das Salzsieden an sämtlichen Sonn- und Feiertagen erlaubte. Nur am Karfreitag hatte die Produktion stillzustehen.

EINE RARITÄT AUS DER HEIMAT

Viele der alten Salzbergwerke sind heute stillgelegt, auch in Lüneburg. Manche Salzstöcke haben eine neue Verwendung gefunden, als Industriemuseum, Thermalbad, Kavernenspeicher für Rohöl- und Erdgasreserven oder, wie Gorleben, als Endlager für Atommüll. Salz für den hohen Norden kommt heute nicht mehr aus Lüneburg, sondern aus Afrika. Man braucht es nicht mehr vorrangig für das Einsalzen von Fisch, sondern als Streusalz auf den winterlichen Straßen. In Niedersachsen gibt es jedoch eine Salzrarität, die es mit »Ur-Meersalzen« wie dem Himalaya-Salz leicht aufnehmen kann: Das Luisenhaller Salz aus Göttingen stammt aus vor 250 Millionen Jahren entstandenen Salzablagerungen eines verdunsteten Urmeers und ist so frei von Umweltverschmutzung, wie ein so altes, aus 450 m Tiefe gefördertes Salz nur sein kann. Als einziges Salz in Europa wird das Luisenhaller Tiefensalz noch auf traditionelle Weise in Pfannensalinen wie vor Hunderten von Jahren gewonnen, das heißt, die Sole kocht in riesigen, flachen Pfannen, bis das Salz kristallisiert. Und wie das Himalaya-Salz kommt Luisenhaller Salz völlig naturbelassen auf den Markt. Damit hat auch Deutschland seine ureigene Salzspezialität.

Kartoffelblinis mit Matjestatar und Sauerkrautdip

Der besondere Reiz dieser Vorspeise liegt im Kontrast zwischen feinen, lauwarm servierten Blinis und gekühltem Tatar aus Salzheringen.

ZUBEREITUNGSZEIT
ca. 1 Std. 20 Min.

FÜR DIE KARTOFFELBLINIS
3 mehlig kochende Kartoffeln (300 g) • Meersalz • 50 ml heiße Milch • 1 EL Butter • frisch gemahlener Pfeffer • 1 Msp. frisch geriebene Muskatnuss
2 Eiweiße • Fett zum Ausbacken

FÜR DAS MATJESTATAR
½ kleine rote Zwiebel • ½ kleiner roter Apfel • 2 Matjesfilets
12 hauchdünne Scheiben geräucherte Blutwurst (z. B. Boudin noir)
6 TL Heringskaviar (Avruga)

FÜR DEN SAUERKRAUTDIP
3 Gabeln Sauerkraut • 80 g Crème fraîche • 40 ml Apfelsaft
Salz • Cayennepfeffer

1. Für die Kartoffelblinis die Kartoffeln schälen und in wenig gesalzenem Wasser gar kochen. Durch die Kartoffelpresse drücken und mit heißer Milch, kalten Butterflocken, evt. noch etwas Salz, Pfeffer und Muskatnuss zu Kartoffelpüree rühren. Die Masse abkühlen lassen.

2. Die Eiweiße steif schlagen und unter das abgekühlte Püree heben. Für das Matjestatar die Zwiebel schälen, den Apfel waschen. Die Matjesfilets, die Zwiebel und den Apfel in kleine Würfel schneiden und vermischen.

3. Für den Sauerkrautdip das Sauerkraut mit der Crème fraîche und dem Apfelsaft im Mixer sehr fein pürieren, mit Salz und Cayennepfeffer abschmecken. Den Dip sofort kühl stellen.

4. Aus dem Kartoffelteig in einer beschichteten Pfanne in etwas Öl 12 kleine runde Blinis backen. Auf Küchenpapier entfetten, je ein Rädchen Blutwurst darüberlegen und mit einem Löffel Matjestatar belegen. Mit dem Heringskaviar nach Belieben garnieren. Den Sauerkrautdip separat dazureichen.

In Sojasauce marinierter Tunfisch mit geröstetem Knoblauch

ZUBEREITUNGSZEIT ca. 2 Std. 30 Min.

ZUTATEN
500 g Tunfisch (oder Gelbschwanzmakrelenfilets)
1 Schalotte • 15 Knoblauchzehen • 50 g Palmzucker
1 EL Butter • 100 ml Fischsauce • 200 ml Sojasauce
50 g Tamarindenpaste (Asia-Laden) • 1 Bund Koriander
1 Bund Frühlingszwiebeln • Mehl zum Mehlieren
Öl zum Frittieren und Braten • eingelegter Ingwer

1. Den Tunfisch von der Haut befreien, bei der Makrele überschüssigen Tran entfernen. Die Filets trocken tupfen und von beiden Seiten in Öl anbraten. Die Schalotte schälen und fein würfeln. Den Knoblauch abziehen. Den Palmzucker in einem Topf mit Butter karamellisieren, die Schalottenwürfel anschwitzen, 2 Knoblauchzehen dazugeben und mit anschwitzen. Das Ganze mit Fischsauce sowie Sojasauce ablöschen, die Tamarindenpaste hinzufügen und den Würzsud abkühlen lassen.

2. Den Fisch in den Würzsud einlegen. Den Koriander waschen, trocken schütteln, ½ Bund grob hacken und zum Fisch geben. Die Frühlingszwiebeln putzen, waschen, klein schneiden und ebenfalls dazugeben. Das Ganze mindestens 2 Stunden marinieren lassen. Den restlichen Knoblauch in feine Scheiben schneiden, leicht mehlieren und in Fett goldbraun frittieren. Den Tunfisch nach 2 Stunden aus dem Sud nehmen, aufschneiden und mit dem übrigen Koriander sowie dem frittierten Knoblauch anrichten. Mit eingelegtem Ingwer servieren.

S. 52 f.
WARENKUNDE Sojasauce

Hibiskus-Rosen-Lachs

ZUBEREITUNGSZEIT ca. 30 Min.
MARINIERZEIT 18 Std.

ZUTATEN
3 EL Kalahari-Salz (S. 184) • 2 EL Hibiskussalz (S. 149, 184) • 2 EL Zucker • 75 ml Olivenöl • 10 g Bio-Rosenblätter • 1 TL abgeriebene Zitronenschale • 500 g Lachsfilet, mit Haut • 3 EL Olivenöl zum Bestreichen

1. **Das Kalahari-Salz** im Mörser leicht zerstoßen und mit dem Hibiskussalz, dem Zucker, dem Olivenöl, den leicht zerriebenen Rosenblättern und der Zitronenschale in einer Schüssel vermischen.

2. **Den Lachs kalt abspülen** und mit Küchenpapier trocken tupfen. Den Fisch auf die Hautseite legen, mit der Salz-Mischung bedecken und diese gut andrücken. Mit Frischhaltefolie abdecken, mit Gewichten (z. B. Konservendosen) beschweren und 12 Stunden im Kühlschrank durchziehen lassen.

3. **Die Beize** mit einer Teigkarte oder einem Messerrücken so gut es geht abschaben. Den Lachs mit Olivenöl einreiben und in Frischhaltefolie gewickelt nochmals 6 Stunden durchziehen lassen.

SERVIERTIPP Servieren Sie feine Scheiben vom Hibiskus-Rosen-Lachs mit einem Wildkräutersalat in Vanille-Honig-Dressing.

Graved Dill-Lachs

Zerstoßen Sie je 1 TL Pfeffer-, Senf-, Koriander- und Fenchelkörner mit 1 Lorbeerblatt und 1 Wacholderbeere im Mörser. 150 g Meersalz und 100 g Zucker hinzufügen und die Mischung fein zerreiben. Mischen Sie 75 g grob gehackten Dill unter die Würzbeize. 500 g Lachs (mit Haut) kalt abspülen und anschließend weiterverfahren, wie in nebenstehendem Rezept ab Arbeitsschritt 2 beschrieben.

S. 49
WARENKUNDE Kalahari-Salz

S. 73
KÜCHENPRAXIS Beizen

Terrine von Gänseleber und Spanferkelbäckchen

In Salz gepökeltes Fleisch gibt den würzenden Ton an und ergänzt edle Geflügelleber auf das Feinste.

ZUBEREITUNGSZEIT ca. 1 Std. 30 Min.
PÖKELZEIT ca. 4 Tage
KÜHLZEIT ca. 12 Std.

FÜR DIE GEPÖKELTEN SPANFERKELBÄCKCHEN
100 g Kochsalz • 1 g Salpeter (Apotheke) • 10 Wacholderbeeren • 1 Lorbeerblatt • 1 TL Kandiszucker • 1 Knoblauchzehe • 500 g Spanferkelbacken (oder Kalbsbacken)

FÜR DIE TERRINE (FÜR 10 PERSONEN)
60 ml weißer Portwein • 1 EL Zucker • 1 Möhre (70 g)
½ Stange Lauch (80 g) • ¼ Knollensellerie (100 g)
1 Zwiebel • 1 Lorbeerblatt • 1 Zweig Thymian • 650 g Gänsestopfleber (oder Entenstopfleber) • 1 TL Pökelsalz
1 TL feines Meersalz • frisch gemahlener weißer Pfeffer

1. Für die Pökellake ¾ l Wasser mit Salz und Gewürzen aufkochen und auskühlen lassen. Das Fleisch in ein Pökelgefäß einschichten und jede Schicht mit Lake übergießen, sodass alle Stücke bedeckt sind. Abgedeckt und kühl gestellt 4 Tage pökeln.

2. Für die Terrine Portwein mit Zucker sirupartig einkochen. Die Schweinebäckchen kalt abspülen, in einen Topf geben, mit Wasser bedecken und aufkochen. Aufsteigenden Schaum abschöpfen. Möhre, Lauch, Sellerie und Zwiebel putzen, zerklei-

nern und mit Lorbeerblatt und Thymian zugeben. Die Schweinebäckchen etwa 35 bis 40 Minuten weich kochen.

3. Die Leber in haselnussgroße Stücke zerteilen, von Haut, Adern und grünen Stellen befreien und alles durch ein feines Sieb streichen. Die Leber auf einem Blech verteilen und mit Pökelsalz, Salz, Portweinreduktion und Pfeffer würzen.

4. Eine Terrinenform (1 l Inhalt) mit Frischhaltefolie auslegen. Abwechselnd Leber und lauwarme, in kleine Stücke geschnittene Schweinebäckchen einfüllen, alles mit einem angefeuchteten Löffel andrücken und mit einer Schicht Leber abschließen. Mit Frischhaltefolie abdecken, mit einem Gewicht beschweren (z. B. Butterpäckchen) und 12 Stunden durchkühlen lassen.

SERVIERTIPP Stürzen Sie die Terrine aus der Folie, dann in Scheiben schneiden und mit Salat und Röst-Brioche servieren.

S. 74 f.
KÜCHENPRAXIS Pökeln

Kalbfleischröllchen mit Rote-Bete-Salz

ZUBEREITUNGSZEIT ca. 2 Std. 30 Min.

FÜR DAS ROTE-BETE-SALZ (S. 183)
1 große Rote Bete, gekocht und geschält
1 ½ EL grobes Steinsalz (oder Meersalz)

FÜR DIE KALBFLEISCHRÖLLCHEN
1 gekochte Rote Bete • 1 Bund Rucola
12 dünne Scheiben Kalbsfilet • 6 EL Frischkäse • frisch gemahlener Pfeffer • 1 EL frisch geriebener Meerrettich

1. Für das Rote-Bete-Salz die Rote Bete auf der groben Reibe raspeln und auf Küchenpapier ausbreiten, um den Saft aufzusaugen. Anschließend weiterverfahren, wie in der Bildfolge beschrieben.

2. Für die Kalbfleischröllchen die Rote Bete in dünne Streifen (Julienne) schneiden. Rucola verlesen, waschen und sehr gut abtropfen lassen. Das Kalbfleisch zwischen leicht geölter Frischhaltefolie plattieren, anschließend mit je einem halben Löffel Frischkäse bestreichen und überpfeffern.

3. Jeweils einige Rote-Bete-Streifen, etwas Rucola und geriebenen Meerrettich darauf verteilen und zu Röllchen aufrollen. Über jedes Röllchen etwas Rote-Bete-Salz streuen und als Fingerfood reichen.

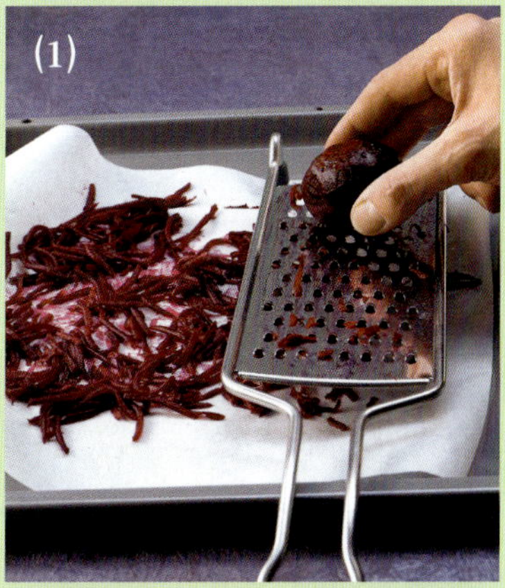

ROTE-BETE-SALZ
selbst herstellen

(1) Die geraspelte Rote Bete im Backofen bei 60 bis 70 °C (Umluft) etwa 1 Stunde 30 Minuten trocknen.

(2) Die getrockneten Rote-Bete-Raspel im Mörser mit dem Steinsalz zerstoßen und vor der Verwendung 1 bis 2 Tage in einem dicht schließenden Glas aromatisieren lassen.

Variationen von Focaccia

Ziegenkäse, Tahitisalz oder auch Rauchsalzbutter lassen die klassische Focaccia zu etwas ganz Besonderem werden.

ZUBEREITUNGSZEIT ca. 2 Std.

FÜR DEN FOCACCIATEIG (GRUNDREZEPT)
300 g Mehl • ½ Päckchen Trockenhefe
1 Prise Salz • 2 EL Olivenöl • Mehl zum Formen • Olivenöl zum Beträufeln

FÜR DIE ZIEGENKÄSE-FOCACCIA
1 Grundrezept Focacciateig
150 g Ziegenfrischkäse (z. B. Piccandou)
1 EL Honig • Meersalz zum Bestreuen

FÜR DIE FOCACCIA MIT TAHITISALZ
1 Grundrezept Focacciateig • 8 EL Olivenöl • 3 EL weißen Aceto balsamico
Tahitisalz nach Belieben (Hawaiianisches Salz, S. 184)

FÜR DIE FOCACCIA MIT RAUCHSALZBUTTER
1 Grundrezept Focacciateig • 150 g Butter • frisch gemahlener weißer Pfeffer • Rauchsalz nach Belieben (S. 184)

1. Für den Teig das Mehl in eine Schüssel geben, eine Mulde formen und die Hefe hineinbröckeln. 200 ml lauwarmes Wasser – es sollte keinesfalls wärmer als 45 °C sein, sonst geht die Hefe nicht auf! – hineingießen und das Ganze zugedeckt 30 Minuten bei 40 °C (z. B. im Ofen) gehen lassen.

2. Den Backofen vorheizen auf 210 °C. Die Prise Salz und das Olivenöl zum Teigansatz geben. Alles gründlich miteinander verkneten und weitere 30 Minuten bei 40 °C gehen lassen. Dann den Teig mit etwas Mehl zum Fladen formen, mit Olivenöl beträufeln und auf ein mit Backpapier belegtes Backblech legen. Im vorgeheizten Ofen etwa 25 Minuten (mittlere Schiene) backen. Herausnehmen und auskühlen lassen.

3. Für die Ziegenkäse-Focaccia das Brot aufschneiden und auf ein Backblech legen. Den Ziegenfrischkäse auf das Brot bröckeln. Mit Honig beträufeln und unter dem Grill Farbe nehmen lassen. Vor dem Servieren Meersalz auf den Ziegenkäse streuen.

4. Für die Focaccia mit Tahitisalz das Brot aufschneiden und mit ein wenig Olivenöl

beträufeln, anschließend unter dem Grill anrösten. Auf einen Teller etwa 2 EL Olivenöl geben und den Essig dazulaufen lassen. Das Brot in die Essig-Öl-Mischung tunken und mit Tahitisalz bestreut servieren.

5. Für die Focaccia mit Rauchsalzbutter die Butter weich werden lassen und mit ein wenig Pfeffer würzen. Mithilfe von Frischhaltefolie zu einer 1 cm dicken Rolle formen. Die Rolle aus der Folie nehmen, rundherum mit wenig Rauchsalz bestreuen und kalt stellen. Zum Servieren die Rauchsalzbutter in Scheiben aufschneiden und zur Focaccia reichen.

S. 45
WARENKUNDE Rauchsalz

Fruchtiger Kaperndip mit Kohlesalz

ZUBEREITUNGSZEIT ca. 30 Min.

ZUTATEN
1 kleine rote Zwiebel • 15 g Pinienkerne • 1 TL Pflanzenöl • ½ TL brauner Zucker • 10–15 g Kohlesalz nach Belieben (»Grubensalz«, S. 184)
1 Kaffirlimettenblatt (Asia-Laden)
30 ml Ananassaft • 100 g eingelegte Kapern in Lake • 1 reife Papaya
20 g geriebener Pecorino • 1 EL gehackte Minze

1. Die Zwiebel schälen, fein würfeln und mit den Pinienkernen in Öl anbraten. Mit Zucker und 1 EL Kohlesalz würzen, das Limettenblatt dazugeben, mit Ananassaft ablöschen, 5 Minuten einkochen lassen, dann kühl stellen. Die Kapern abtropfen lassen und mit dem restlichen Kohlesalz 2 Minuten verkneten.

2. Die Papaya schälen, halbieren, die Kerne mit einem Löffel herauskratzen, das Fruchtfleisch klein würfeln und unter die Kapern mischen. Zur Zwiebelmischung geben, Pecorino und Minze unterheben. Der Dip schmeckt zu mit Olivenöl beträufelten Crostinis, Garnelen oder kurz gebratenem Fleisch. Statt Kohlesalz passt auch Rosen- oder Lavendelsalz.

Barbecuesauce mit Rauchsalz

ZUBEREITUNGSZEIT ca. 45 Min.

ZUTATEN
2 rote Zwiebeln • 2 rote Paprikaschoten • 4 Tomaten • 1 EL gehackter Ingwer • 1 EL Distelöl
50 g Rauchsalz (S. 184) • 125 g Ketchup • 1 TL geriebener Meerrettich
1 TL Dijonsenf • 2 EL Tomatenmark
100 ml Maracujasaft • 50 ml Worcestersauce • 20 ml Sweet Chili Sauce
50 ml helle Sojasauce • ½ Chili
2 EL Honig • 2 EL Zitronensaft

1. Die Zwiebeln schälen und fein würfeln. Die Paprikaschoten waschen, halbieren, Stiel, Kerne und Scheidewände entfernen und das Fruchtfleisch fein würfeln. Die Tomaten waschen und klein würfeln.

2. Zwiebeln, Ingwer und Paprika in Öl anbraten, mit 2 bis 3 EL Rauchsalz würzen, die Tomaten dazugeben und 5 Minuten kochen lassen. Ketchup, Meerrettich, Senf und Tomatenmark unterrühren und 5 Minuten kochen lassen. Mit Maracujasaft, Worcestersauce, Sweet Chili Sauce und Sojasauce ablöschen.

3. Die Chilischote waschen, halbieren, dazugeben und 15 Minuten leicht kochen lassen. Mit Honig, Zitronensaft und Rauchsalz abschmecken und anschließend fein pürieren. Die Sauce lässt sich gut variieren, z. B. mit Walnüssen oder Kürbiskernen, Koriander oder Dill.

SERVIERTIPP Servieren Sie die Barbecuesauce warm. Sie passt gut zu Gegrilltem und Fisch oder als kalter Dip zu Gemüse und Ente.

S. 45
WARENKUNDE Rauchsalz

S. 52 f.
WARENKUNDE Sojasauce

Rettich-Cannelloni mit Forellentatar und Rauchsalz

ZUBEREITUNGSZEIT
ca. 40 Min.

FÜR DIE VINAIGRETTE
1 EL Campari • 6 EL Birnensaft (Reformhaus, Getränkeladen)
1 EL Himbeeressig • 1 TL geschnittener Dill • Meersalz
frisch gemahlener Pfeffer
4 EL Traubenkernöl

FÜR DAS FORELLENTATAR
50 g Fenchelknolle • 50 g Apfel
1 Schalotte • 1 TL geschnittener Dill • 1 EL Himbeeressig • 1 EL Traubenkernöl • frisch gemahlener Pfeffer • 200 g Lachsforellenfilets (ohne Haut) • 1 EL Rauchsalz nach Belieben (S. 184)

FÜR DIE RETTICH-CANNELLONI
350 g weißer Rettich • 2 EL Zitronensaft • Meersalz • 2 EL Puderzucker • etwas Portulak
(oder frischer Blattspinat)

1. Für die Vinaigrette den Campari mit dem Birnensaft sowie mit Himbeeressig, Dill, etwas Salz, Pfeffer und Traubenkernöl verrühren.

2. Für das Forellentatar den Fenchel putzen, den Apfel entkernen und die Schalotte schälen. Alles fein würfeln und mit Dill, Himbeeressig, Traubenkernöl und Pfeffer mischen. Die Forellenfilets entgräten, fein würfeln, mit Rauchsalz würzen und kurz ziehen lassen. Dann unter die Fenchel-Apfel-Mischung geben.

3. Für die Cannelloni den Rettich schälen und in etwa 15 cm lange dünne Scheiben schneiden oder hobeln. Zitronensaft, Salz und Puderzucker mischen und die Scheiben darin etwa 20 Minuten marinieren, bis sie sich elastisch biegen lassen, ohne zu brechen. Die Portulakblätter waschen, putzen und trocken schleudern. Auf Tellern verteilen und mit Vinaigrette beträufeln.

4. Den Rettich abtupfen, 3 bis 4 Rettichscheiben überlappend aneinanderlegen. An einem Ende 3 bis 4 EL Forellentatar verteilen und fest einrollen. Sobald sich die Rettichscheiben überlappen, den überstehenden Teil abschneiden. Auf diese Weise 3 bis 4 Cannelloni herstellen, nach Belieben in mundgerechte Stücke schneiden und auf Tellern anrichten. Mit der restlichen Vinaigrette beträufelt servieren.

... und warme pikante
Gerichte genießen

Warme pikante Gerichte

Ob als feine Würze, auffallendes Finish oder schützende Hülle: Hier spielt hochwertiges, unbehandeltes Salz seine ganze kulinarische Vielfalt aus.

DIE WARME KÜCHE bietet Salz die vielfältigsten Möglichkeiten. Hier dient es nicht nur als Würze beim Garen, Abschmecken und Verfeinern, sondern ist zudem Hauptzutat, wenn es um schonende Zubereitungstechniken geht: Beim Garen auf dem Salzbett, im Salzmantel oder -teig kommt vor allem Meersalz zum Einsatz. Es verleiht Fisch, Fleisch und Gemüse seine feine Würze und schützt die Produkte zudem vor allzu starker Austrocknung beim Garen (S. 68 ff.).
Salz ist allerdings in der sogenannten warmen Küche selbst dann von allergrößter Bedeutung, wenn es sich »nur« um die Anwendungsmöglichkeit als Streuwürze handelt. Eine der einfachsten und zugleich verblüffend köstlichen Zubereitungen ist die von Paprikaschoten mit Meersalz, im spanischen Sprachraum als »Pimientos de padrón« bekannt. Diese kleinen grünen Paprika aus Nordspanien schmecken mild – wobei sortenbedingt gelegentlich auch die ein oder andere scharfe Schote dabei sein kann.

PIMIENTOS MIT FENCHELSALZ

500 g Pimientos waschen und trocken tupfen. ½ TL Fenchelsamen in einer Pfanne bei kleiner Hitze 2 bis 3 Minuten ohne Farbe braten und dann im Mörser mit 5 TL Meersalz und 1 TL gehacktem Fenchelgrün fein zerstoßen. Eine gusseiserne Pfanne erhitzen und 8 EL Olivenöl hinzufügen. Kurz bevor es zu rauchen beginnt, die Pimientos hineingeben und 2 bis 3 Minuten unter Schwenken scharf anbraten, je nach Größe auch etwas länger. Anschließend mit ein wenig sehr gutem Olivenöl und dem Fenchelsalz würzen und lauwarm servieren.

Nachsalzen als »i-Tüpfelchen«

Bieten Sie zum individuellen Nachsalzen bei Tisch mehrere Salze an, z. B. zu Steak Chili- und Vanillesalz, zu Gemüse Kräuter- und Tonerdesalz und zu Fisch Zitrus- oder Lavasalz

GEMÜSESALZ
selbst herstellen

(1) Das Suppengrün (Sellerie, Lauch, Möhre, Zwiebel und Petersilie) putzen, in Stücke schneiden und anschließend im Blitzhacker fein zerkleinern.

(2) Das Meersalz mit dem zerkleinerten Suppengrün gründlich mischen.

(3) Mit einem Tuch zugedeckt 48 Stunden ruhen lassen. Durchrühren und in Schraubgläsern kühl und dunkel lagern.

Poularde aus dem Gemüsesalz-Sud

Feinstes Gemüsesalz gibt diesem einfachen Gericht ein unverwechselbares Aroma.

ZUBEREITUNGSZEIT ca. 2 Std. 20 Min.
BEIZ- UND RUHEZEIT 36 und 48 Std.

FÜR DAS GEMÜSESALZ (S. 181)
1 Bund Suppengrün • 100 g grobes Meersalz

FÜR DAS MAISHÄHNCHEN
1 Zwiebel • 1 Möhre (70 g) • ½ Knollensellerie (250 g) • 1 Stange Lauch • 320 g Gemüsesalz (S. 181) • 30 g Zucker • 10 g Nitritpökelsalz (S. 184) • 2–3 EL Rosmarinnadeln 5 zerstoßene Wacholderbeeren • 2 Gewürznelken • 1 Maishähnchen (ca. 1,2 kg) • 3 Schalotten • Olivenöl zum Einpinseln

1. Das Gemüsesalz herstellen, wie in der Bildfolge beschrieben. Für das Maishähnchen Zwiebel, Möhre und Sellerie schälen und in 1 cm große Stücke schneiden. Lauch putzen, waschen und in 1 cm breite Ringe schneiden.

2. Das vorbereitete Gemüse mit 2 l Wasser, Gemüsesalz, Zucker, Nitritpökelsalz, 1 EL Rosmarin, Wacholderbeeren und Nelken aufkochen und dann 1 Stunde 30 Minuten auskühlen lassen.

3. Das Maishähnchen waschen und in der Gemüsesalzlake 36 Stunden ziehen lassen. Die Schalotten schälen und grob zerkleinern. Das Hähnchen abtupfen und mit Schalotten und Rosmarin füllen. Den Ofen auf 180 °C vorheizen, das Hähnchen mit Öl einpinseln und 1 Stunde 45 Minuten garen.

SERVIERTIPP Als Beilage können Sie ein Risotto mit feinen Perlgraupen und Pfifferlingen reichen.

S. 47
WARENKUNDE Nitritpökelsalz

S. 63 ff.
KÜCHENPRAXIS
Gewürzsalze selbst zubereiten

Poularde mit Salzzitrone

ZUBEREITUNGSZEIT ca. 2 Std. 30 Min.

ZUTATEN
1 Poularde (1,6 kg) • 1 TL Meersalz • 1 TL gemahlener weißer Pfeffer • 125 g violette oder grüne Oliven, entsteint
1 ½ Salzzitronen (S. 83 oder Orientladen) • 1 Zwiebel
3 Knoblauchzehen • 2 g Safranfäden • 50 g Butter
2 EL Olivenöl • 1 TL gemahlener Ingwer • 3 EL gehackter Koriander • 3 EL gehackte glatte Petersilie

1. Die Poularde waschen, trocken tupfen und innen und außen mit Salz und Pfeffer würzen. Die Oliven anquetschen, 20 Sekunden in kochendem Wasser blanchieren und abschrecken.

2. Bei den Salzzitronen Fleisch und Kerne entfernen. Die Haut der Zitronen abspülen, mit Küchenpapier trocken tupfen und in große Stücke schneiden. Die Zwiebel schälen und fein würfeln. Die Knoblauchzehen abziehen und hacken.

3. Den Safran in 100 ml heißem Wasser einweichen. Butter und Öl in einem Bräter erhitzen und die Zwiebelwürfel darin glasig dünsten. Knoblauch, Ingwer, Safran, Pfeffer und ½ l Wasser hinzugeben und gut verrühren. Die Poularde in der Flüssigkeit zum Kochen bringen. Bei reduzierter Hitze 1 Stunde zugedeckt schmoren lassen – dabei die Poularde immer wieder wenden. Falls erforderlich, heißes Wasser nachgießen.

4. Die Oliven, die Zitronenstücke, den Koriander und die Petersilie hinzufügen und alles weitere 15 Minuten köcheln lassen. Die Poularde herausnehmen und in Alufolie gehüllt warm stellen. Den Kochsud zur Sauce einkochen.

S. 83
REZEPT Salzzitronen

Schweinefilet im Kräutersalzmantel

ZUBEREITUNGSZEIT ca. 1 Std.

FÜR DEN SALZMANTEL
1 EL Wacholderbeeren • 1 TL schwarzer Pfeffer
2 kg grobes Meersalz • 2 EL getrockneter Majoran • 1 EL getrockneter Liebstöckel • 2 Eiweiße

FÜR DAS SCHWEINEFILET
1 Schweinefilet (600–700 g) • 3–4 Scheiben dünn aufgeschnittener grüner Speck

1. Die Wacholderbeeren und die Pfefferkörner im Mörser grob zerstoßen. Aus dem Meersalz, den Kräutern und den Gewürzen mit den Eiweißen eine Salzmischung für den Salzmantel herstellen, wie in der Bildfolge rechts (Step 1) beschrieben. Den Backofen auf 180 °C vorheizen.

2. Das Schweinefilet in Speck einschlagen, auf den Salzsockel legen und mit dem restlichen Salz bedecken (Step 2 und 3). Im Ofen etwa 40 Minuten garen, bis eine Kerntemperatur von 70 °C erreicht ist.

3. Die Schweinefilets im Kräutersalzmantel auftragen, sofort die Salzkruste aufklopfen, das Fleisch aus der Salzkruste entnehmen, in Scheiben schneiden und servieren: Als Beilage passen Rahmwirsing oder Krautgemüse und Kartoffelpüree.

SCHWEINEFILET
im Salzmantel garen

(1) Das Meersalz mit Kräutern und Gewürzen vermischen und die rohen Eiweiße gut unterarbeiten.

(2) Ein Backblech mit Backpapier belegen. Dann einen Sockel aus Kräutersalz formen.

(3) Das Schweinefilet im grünen Speck einschlagen und auf den Salzsockel legen. Mit dem restlichen Salz bedecken, gut andrücken und im Ofen garen.

BÄRLAUCH-ZITRONENSALZ
selbst herstellen

(1) Den zerkleinerten Bärlauch mit Salz und Zitronenabrieb vermischen und im Mixer oder Mörser zerkleinern.

(2) Die Salzmischung im Ofen bei 50 °C 3 bis 4 Stunden trocknen, dabei häufig wenden. Dann auf einem Backblech an einem warmen Ort nochmals 1 bis 2 Tage trocknen lassen. Vor dem Gebrauch ggf. im Mixer zerkleinern.

Halsgrat mit Bärlauch-Zitronensalz

Ein saftiger Braten, der durch das leichte Knoblaucharoma aus dem Salz besticht.

ZUBEREITUNGSZEIT ca. 2 Std.
TROCKENZEIT für das Salz ca. 48 Std.

FÜR DAS BÄRLAUCH-ZITRONENSALZ (S. 180)
2 unbehandelte Zitronen • 250 g Bärlauch (oder Petersilie und Knoblauch) • 125 g Fleur de Sel

FÜR DAS HALSGRAT
1,2 kg Halsgrat am Stück • Bärlauch-Zitronensalz nach Belieben • frisch gemahlener Pfeffer Öl • 2 Knoblauchzehen • 1 EL Zitronenthymian 2 EL Senf • 200 ml Gemüsefond (Glas)

1. Für das Bärlauch-Zitronensalz die Zitronen heiß abwaschen, trocken reiben und die Schale fein abreiben. Den Bärlauch waschen, trocken schleudern, grob zerkleinern und weiterverfahren, wie in der Bildfolge links beschrieben.

2. Das Halsgrat mit Bärlauch-Zitronensalz und Pfeffer kräftig würzen und mit Öl von allen Seiten kräftig anbraten. Den Ofen auf 180 °C vorheizen. Den Knoblauch abziehen und halbieren, den Keim entfernen und mit dem Messer und im Mörser zu einer Knoblauchpaste zerdrücken.

3. Den Zitronenthymian nach Bedarf waschen und fein hacken. Den Braten mit der Knoblauchpaste und dem Senf einreiben, mit Thymian würzen und anschließend bei 180 °C etwa 1 Stunde 30 Minuten im Ofen garen. Nach der Hälfte der Garzeit das Fleisch mit Backpapier abdecken. Zum Garen nach und nach den Gemüsefond angießen.

SERVIERTIPP Als Beilage zum Halsgrat können Sie Radicchiorisotto und Bärlauchpesto servieren.

S. 50
WARENKUNDE Fleur de Sel

S. 63 ff.
KÜCHENPRAXIS
Gewürzsalze selbst zubereiten

Gebeiztes Roastbeef im Gewürz-Salzteig

In einer würzigen Teighülle aus Salz gart das Roastbeef aromageschützt und bleibt dabei schön saftig.

ZUBEREITUNGSZEIT ca. 2 Std.
BEIZZEIT ca. 12 Std.

ZUTATEN
4 Knoblauchzehen • 1–2 EL Rosmarinnadeln • 1–2 EL Thymianblättchen • 1 EL schwarze Pfefferkörner • 800 g Rinderlende (Roastbeef; gut abgehangen) 1 EL Korianderkörner • 1 EL Fenchelsamen • 1 TL abgeriebene Schale von 1 unbehandelten Zitrone • 1 kg Weizenmehl (Type 550) • 500 g grobes unbehandeltes Meersalz • 4 Eiweiße • 200 g hauchdünn geschnittener Lardo (oder dünn aufgeschnittener grüner Speck)

1. Die Knoblauchzehen schälen. 2 Knoblauchzehen mit je der Hälfte vom Rosmarin und Thymian sehr fein hacken. Den Pfeffer grob mahlen. Die Rinderlende nach Bedarf parieren und mit dem Pfeffer und der Kräuter-Knoblauch-Mischung einreiben. Wenn möglich, das Fleisch vakuumieren – alternativ das Fleisch fest in Frischhaltefolie einschlagen – und etwa 12 Stunden im Kühlschrank beizen.

2. Das gebeizte Fleisch Zimmertemperatur annehmen lassen. Die Koriander- und Fenchelsamen in einer trockenen Pfanne bei mittlerer Hitze etwa 1 Minute rösten und dann im Mörser zerkleinern. Die Gewürze mit der Zitronenschale, dem Mehl und dem Meersalz in einer Schüssel vermischen. Die verquirlten Eiweiße hinzufügen und esslöffelweise Wasser unterarbeiten, bis ein fester, formbarer Teig entsteht. Den Salzteig 30 Minuten ruhen lassen. Den Backofen auf 220 °C vorheizen.

3. Das Roastbeef mitsamt den restlichen Kräutern (Rosmarin, Thymian) in den Lardo einwickeln. Den Salzteig ausrollen und das Roastbeef darin einschlagen. Das eingeschlagene Roastbeef mit der Teignahtstelle nach unten auf ein Backblech geben und ein paar kleine Löcher in den Teig stechen, damit der Dampf entweichen kann. Im vorgeheizten Backofen ewa 40 Minuten backen. Idealerweise sollte das Fleisch zum Servieren eine Kerntemperatur von 60 °C aufweisen. Da die Fleischtemperatur während der Ruhephase jedoch noch um 1 bis 2 Grad ansteigt, das Fleisch bereits mit einer Kerntemperatur von etwa 58 °C aus dem Backofen nehmen.

4. Das fertig gegarte Fleisch vor dem Servieren noch mindestens 10 Minuten im Salzmantel ruhen lassen, dann den Salzmantel mit einem Sägemesser vorsichtig aufschneiden und entfernen. Lardo und Kräuter ebenfalls entfernen. Das Fleisch tranchieren und auf einer vorgewärmten Platte anrichten. Dazu passen Sauce béarnaise, Kartoffelgratin und Speckbohnen.

S. 70 f.
KÜCHENPRAXIS Salzteig

Rinderfilet mit Meersalz, Sandelholz und Kürbis-Chutney

ZUBEREITUNGSZEIT ca. 1 Std.
BEIZZEIT ca. 15 Std.
RUHEZEIT ca. 6 Std.

FÜR DAS RINDERFILET
2–3 EL Sandelholzmehl (Apotheke) • 5 schwarze Pfefferkörner
2 Lorbeerblätter • 8 Hibiskusblätter (Teeladen, Reformhaus)
3 TL geraspeltes Süßholz (S. 184)
2 EL Senfkörner • 5 Pimentkörner • 3 Knoblauchzehen • 150 g Zucker • 450 g grobes Meersalz
700 g pariertes Rinderfilet • 2 EL Olivenöl • 1 Zweig Rosmarin
4 kleine Zweige Thymian

FÜR DAS CHUTNEY
600 g geputzter Muskatkürbis
300 g säuerliche Äpfel (z.B. Boskop) • 2–3 EL Zwiebelwürfel
1 EL Butter • 150 g Orangenfilets
Salz • 1 TL gehackter Ingwer
½ Zimtstange • 1 TL Honig
1 EL Zitronensaft • frisch gemahlener Pfeffer

1. Sandelholzmehl, Pfefferkörner, Lorbeer- und Hibiskusblätter, Süßholz, Senfkörner, Piment und geschälten Knoblauch in einem Mörser zerstoßen. Zucker und Salz hinzufügen und alles gut vermischen. Ein Drittel der Salzmischung in ein Gefäß geben, das Rinderfilet darauflegen, mit der restlichen Salzmischung abdecken und gekühlt etwa 15 Stunden beizen.

2. Das Fleisch aus der Beize nehmen, die Beize so gut es geht abschaben, das Fleisch abspülen, trocken tupfen und in Frischhaltefolie wickeln. Im Kühlschrank 6 Stunden ruhen lassen.

3. Für das Chutney den Kürbis in kleine Stücke schneiden. Äpfel schälen, vierteln, Kerngehäuse entfernen und würfeln. Zwiebeln in der Butter andünsten, Kürbis zugeben und 5 Minuten mitdünsten, Äpfel und Orangenfilets zugeben, 5 EL Wasser, Salz, Ingwer und Zimt unterrühren. Das Gemüse zugedeckt 8 bis 10 Minuten garen. Honig und Zitronensaft hinzugeben, mit etwas Salz und reichlich Pfeffer abschmecken.

4. Das Rinderfilet in 3 cm dicke Scheiben schneiden und in Olivenöl, mit Rosmarin und Thymian je Seite 3 Minuten anbraten. Bei 170 °C im vorgeheizten Backofen etwa 8 Minuten fertig garen. Mit Meersalz bestreut servieren.

Die Renaissance der Retrosalze

Menschen in unterschiedlichen Kulturen sind an verschiedenartige Salze gewöhnt und gehen auch unterschiedlich mit ihnen in der Küche um: Sahara-Anrainer ziehen beispielsweise in punkto Geschmack Steinsalzmischungen jodiertem Meersalz vor. Chinesen oder Vietnamesen würzen nicht direkt mit Salz, sondern bevorzugen salzige Fisch-, Austern- und Sojasauce sowie Bohnenpasten. In Amerika kommt man, auch ohne den Salzstreuer zu benützen, auf den höchsten Konsum weltweit, da sich reichlich Salz in Fast Food und Convenience-Produkten versteckt. Norweger, Isländer oder Neufundländer lieben salziges Essen, weil ihre kargen Küchen des Nordens einst auf Salzfisch und Pökelfleisch beruhten. Franzosen, Holländer oder Portugiesen lieben Meersalz und stellen manchmal sogar Fleur de Sel im Restaurant auf den Tisch. Rund ums Mittelmeer ersetzen in manchen alten Gerichten Salzkonserven normales Tafelsalz, wie z.B. Salzzitronen in marokkanischen Tajines, Sardellen im italienischen Ossobuco oder Kapern im Vitello tonnato. Und im gesamten Mittelmeerraum ist gesalzener Klippfisch (Bacalao) nach wie vor sehr beliebt. Dabei sind in Salz eingelegte oder gepökelte Lebensmittel wie Klippfisch, Hering, Oliven und Sauerkraut im Grunde antiquiert. Seit der Erfindung von Kühlschrank und Tiefkühltruhe ist niemand mehr aus Gründen der Haltbarkeit auf das Einsalzen von Lebensmitteln angewiesen. Trotzdem mag man nicht auf diese »altmodischen« Erzeugnisse verzichten – gerade wegen ihres herzhaften, salzigen Geschmacks.

Perfektes weißes Salz ist nicht mehr Ziel allen Strebens, sondern ein aromareiches, natürliches Salz.

Insgesamt aber weht heute ein anderer Wind durch die moderne Ernährung, die sich frischer, leichter und salzärmer definiert als noch ein oder zwei Generationen zuvor. Fakt ist allerdings auch, dass zwar einerseits weltweit der Konsum von Speisesalz sinkt, andererseits sich Salz stückweise sein früheres Ansehen zurückerobert und Gourmets die große Vielfalt an regional unterschiedlichen Salzspezialitäten neu entdecken. Salz ist auf dem besten Weg, zum Maßstab für gehobene Esskultur zu werden. Die Klassiker der edlen Salze wie englisches Maldon Sea Salt, Flor de Sal von der Algarve, Fleur de Sel aus der Guérande an der französischen Atlantikküste zählen längst zum Standardrepertoire des ambitionierten Feinschmeckers. Statt des raffinierten Jodsalzes aus heimischer Produktion kommen mehr und mehr naturbelassene Delikatess-Salze zum Nachsalzen auf den Tisch: Meersalz aus Hawaii, Miroirsalz aus Bolivien, Himalaya-Salz aus Pakistan oder Salzflocken aus Australien. Wer auf der Klaviatur solch ausgefeilter Nuancen spielt, profiliert sich als Gourmet. Klar, dass man mit Rauchsalz oder Bleu de Perse kein Nudelwasser salzt, sondern Filetsteak, Foie gras oder Fasanenbrüstchen würzt. Schließlich kostet das Körnchen Salz Deluxe auch ein Quäntchen mehr. Wem verdanken wir den Trend? Natürlich den Franzosen, die schon lange zwischen feinem Kristallsalz, grobem Meersalz und handgeschöpftem Fleur de Sel unterscheiden. Nachdem vor 10 bis 15 Jahren die hübschen Pappdöschen mit Fleur de Sel aus Frankreich uns als Erste auf die Spur der feinen Salze gebracht haben, folgten Meersalze aus Spanien und Portugal, die unsere Neugier weckten. Die Nachfrage brachte inzwischen auch Produzenten und Köche auf den Geschmack, Salz in allen möglichen Kollektionen und Mischungen auf den Markt zu bringen. Das Repertoire ist breit: Salzkörner werden mit Bergkräutern, Rosenblüten, Trüffel, Wasabi, Safran, Dörrtomaten, Chili oder sogar mit Schokolade kombiniert.

Ein Klassiker: Französische Salzblüte aus der Guérande gehört zu den Goumetsalzen von Weltruf.

Nachdem die Menschen jahrtausendelang danach strebten, »perfektes«, weißes, d.h. gleichförmiges, rieselfähiges und nicht klumpendes Salz herzustellen und dies der Morton Salt Company – heute der weltgrößte Salzproduzent – Anfang des 20. Jahrhunderts gelungen ist, wendet sich der Trend allmählich ins Gegenteil. Heute erscheinen mit Farbpartikeln und Verunreinigungen versetzte, unbehandelte Retrosalze, die zwar unregelmäßig und gröber in der Struktur, feucht und nicht rieselfähig sind, dafür aber ein Mehr an Geschmacksnuancen aufweisen, für Gourmets weltweit attraktiv wie noch nie.

Lamm im Thymian-Rosmarin-Salzmantel

ZUBEREITUNGSZEIT ca. 2 Std. 30 Min.

FÜR DAS LAMM
700 g Lammrücken (ausgelöst) • ½ EL geschroteter Pfeffer • 5 EL Olivenöl

FÜR DEN SALZMANTEL
1,5 kg mittelgrobes Meersalz
2 Eiweiße • 3 EL gehackter Thymian
3 EL gehackter Rosmarin

1. Den Lammrücken mit dem Pfeffer würzen und in dem Olivenöl von allen Seiten scharf anbraten. Den Backofen auf 90 °C vorheizen.

2. Das Meersalz mit den Eiweißen, dem Thymian und dem Rosmarin in einer Schüssel vermischen. Ein Backblech mit Backpapier auslegen und die Hälfte der Salzmischung darauf verteilen.

3. Den Lammrücken auf das Salz betten und mit der übrigen Salzmischung bedecken, gut andrücken. Im vorgeheizten Backofen etwa 1 Stunde 45 Minuten garen (mittlere Schiene).

4. Die Salzkruste mit einem Hammer locker aufklopfen und vom Lammrücken gründlich ablösen. Den Lammrücken aufschneiden und servieren. Dazu passen sehr gut Ratatouille und Risotto.

Edel mit Kalbsfilet

Anstelle von Lamm können Sie auch sehr gut Kalbsfilet (oder Schweinefilet) verwenden. Dann statt Thymian und Rosmarin das Meersalz mit 5 EL gehackter Petersilie und 1 EL abgeriebener Zitronenschale aromatisieren.

S. 68 f.
KÜCHENPRAXIS Salzmantel

INGWERSALZ
selbst herstellen

(1) Den frischen Ingwer schälen, wiegen und anschließend in kleine Stücke schneiden, die im Mörser komplett zerdrückt werden.

(2) Nun die gleiche Menge an grobem Meersalz hinzugeben und alles noch einmal im Mörser gut zerdrücken. In einem dicht schließenden Glas aufbewahren und möglichst frisch verwenden. Vorsichtig dosieren!

Lammkaree mit Ananas und Ingwersalz

Leicht selbst zuzubereitendes Ingwersalz verleiht dem Lammkaree asiatisches Flair.

ZUBEREITUNGSZEIT ca. 1 Std. 15 Min.
MARINIERZEIT ca. 24 Std.

FÜR DAS INGWERSALZ (S. 181)
1 Stück frischer Ingwer (ca. 3 cm) • grobes Meersalz

FÜR DAS LAMMKAREE
1 große reife Ananas • 120 g frischer Ingwer
3 Schalotten • 1–2 EL Ingwersalz nach Belieben
1 EL rote Currypaste (Asia-Laden) • 3 EL Paprikapulver • 100 g Honig • 800 g Lammkaree
Speisestärke zum Binden

1. Das Ingwersalz herstellen, wie in der Bildfolge links (Step 1 und 2) gezeigt. Dann für das Lammkaree die Ananas schälen und das Fruchtfleisch in 2 cm große Stücke schneiden. Den Ingwer schälen und hacken. Die Schalotten schälen und würfeln.

2. In einem Mixer die Ananasstücke mit Ingwer, Schalotten, Ingwersalz, Currypaste, Paprikapulver und Honig pürieren. Das Lammkaree parieren, mit der pürierten Gewürzmischung einreiben und 24 Stunden zugedeckt und gekühlt marinieren.

3. Das Fleisch mit Küchenpapier von der Marinade befreien, die Marinade aufheben. Den Ofen auf 180 °C vorheizen. Das Fleisch in einer beschichteten Pfanne rundherum braun anbraten.

4. Die Marinade leicht erwärmen, über das angebratene Fleisch geben und dieses etwa 8 bis 12 Minuten im vorgeheizten Ofen garen. Anschließend etwa 10 Minuten ruhen lassen und nochmals für 5 Minuten in den Ofen schieben.

5. Das Lammkaree portionieren und auf vorgewärmten Tellern anrichten. Die Sauce mit etwas Ingwersalz abschmecken und nach Belieben mit Speisestärke binden. Dazu passt Duftreis.

S. 63 ff.
KÜCHENPRAXIS
Gewürzsalze selbst zubereiten

Bacalhau mit Sahne

Mit Salz konservierter Trockenfisch kommt hier nach portugiesischer Art zubereitet auf den Tisch.

ZUBEREITUNGSZEIT ca. 1 Std.
EINWEICHZEIT ca. 24 Std.

FÜR DEN BACALHAU
400 g Klippfisch (oder Stockfisch) • 3 Zwiebeln • 2 Knoblauchzehen • 1 frisches Lorbeerblatt • 3 EL Olivenöl
400 g festkochende Kartoffeln • ¼ l Öl zum Frittieren
75 g geriebener Parmesan

FÜR DIE BÉCHAMELSAUCE
2 EL Butter • 2 EL Mehl • ¼ l Milch • 250 g Sahne
1 frisches Lorbeerblatt • Salz • 1 Msp. frisch geriebene Muskatnuss • frisch gemahlener Pfeffer

1. Den Klippfisch 24 Stunden in kaltem Wasser einweichen, dabei mehrfach das Wasser wechseln. Anschließend den Fisch mit kochend heißem Wasser übergießen und etwa 15 Minuten ziehen lassen. Gräten und Haut entfernen, das Fischfleisch mit zwei Gabeln in kleine Stücke zupfen.

2. Die Zwiebeln schälen und in dünne Scheiben schneiden. Die Knoblauchzehen abziehen und fein hacken. In einem großen Topf die Zwiebeln und den Knoblauch mit dem Lorbeerblatt in Olivenöl glasig anschwitzen.

3. Die Kartoffeln schälen und in sehr feine Streifen (Julienne) schneiden. Das Olivenöl erhitzen, die Kartoffelstreifen darin

portionsweise knusprig frittieren, mit einem Schaumlöffel herausnehmen und mit den Zwiebeln und dem Fisch mischen.

4. Für die Béchamelsauce die Butter schmelzen und das Mehl darin farblos anschwitzen. Mit Milch und Sahne aufgießen, das Lorbeerblatt hinzufügen und die Sauce aufkochen lassen, dabei kräftig umrühren. Mit Salz, Muskatnuss und Pfeffer würzen.

5. Den Backofen auf 220 °C vorheizen. Fisch, Zwiebeln und Kartoffeln in eine feuerfeste Form geben und mit der Béchamelsauce übergießen. Den geriebenen Parmesan darüberstreuen und im vorgeheizten Ofen 8 bis 10 Minuten gratinieren.

S. 49
WARENKUNDE Klippfisch

Pochierter Kabeljau mit Himbeersalz

ZUBEREITUNGSZEIT ca. 4 Std. 30 Min.

FÜR DAS HIMBEERSALZ (S. 181)
4 EL frische Himbeeren • 3 EL Fleur de Sel

FÜR DEN POCHIERTEN KABELJAU
1 Schalotte • 1 Knoblauchzehe • 1 kleine Petersilienwurzel • je 1 Stück Fenchelknolle und Lauch (je 20 g) • 4–5 kleine Champignons 1 l Gemüsefond (Glas) • 1 Lorbeerblatt 5 Pfefferkörner • 3 Stängel Kerbel • 1 Stängel Estragon • 2 Scheiben unbehandelte Zitrone 4 Kabeljautranchen (je 150 g; oder weißer Heilbutt) • 3–4 EL Arganöl (oder Mandelöl)

1. Das Himbeersalz zubereiten, wie in der Bildfolge gezeigt. Schalotte, Knoblauch und Petersilienwurzel schälen und grob hacken. Fenchel, Lauch und Champignons putzen und grob zerkleinern. Gemüsefond mit Gemüse, Lorbeerblatt und Pfefferkörnern aufkochen und auf etwa 80 °C abkühlen.

2. Kerbel, Estragon und Zitronenscheiben dazugeben, die Kabeljautranchen hineingeben und im Sud 5 bis 8 Minuten gar ziehen lassen. Mit dem Schaumlöffel herausnehmen, mit Himbeersalz bestreuen und mit Arganöl beträufelt servieren. Als Beilage eignet sich Couscous.

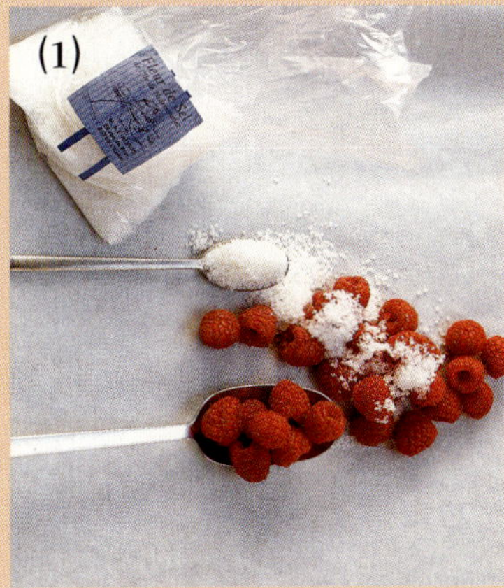

HIMBEERSALZ
selbst herstellen

(1) Die Himbeeren mit 3 TL Fleur de Sel mischen und im Backofen bei 70 °C 2 bis 3 Stunden trocknen.

(2) Noch einmal 3 TL Fleur de Sel dazugeben und die Mischung 1 Stunde ziehen lassen. Dann die Kristalle und die Himbeeren zerreiben und in einem dicht schließenden Glas aufbewahren.

Chili-Garnelen mit Orangensalz und Paprika-Orangen-Salsa

Edles Orangensalz gibt diesem Gericht die würzende Note und rundet es mit einen Hauch feinfruchtiger Süße ab.

ZUBEREITUNGSZEIT
ca. 50 Min.

FÜR DIE PAPRIKA-ORANGEN-SALSA
2 rote Paprikaschoten • 4 Knoblauchzehen • 3 Thymianzweige
7 EL Olivenöl • Salz • frisch gemahlener Pfeffer • 1 Orange
1 Schalotte • 3 EL weißer Aceto balsamico • Orangensalz nach Belieben (S. 150, 184; oder Vanillesalz) • 2 EL gehackte Petersilie

FÜR DIE CHILI-GARNELEN
16 Riesengarnelen, küchenfertig
50 g Speisestärke • 1 kleine rote Chilischote • abgeriebene Schale von 1 unbehandelten Orange
2–3 EL Orangensalz nach Belieben (S. 150, 184; oder Vanillesalz)
2 TL Zucker • 80 g Maismehl
2 Eiweiße • Butterschmalz zum Ausbacken

1. Für die Paprika-Orangen-Salsa die Paprika putzen und vierteln. Die Viertel mit der Hautseite nach oben auf ein mit Backpapier ausgelegtes Blech geben. 3 Knoblauchzehen schälen und grob hacken. Den Ofen auf 200 °C vorheizen.

2. Knoblauchzehen zusammen mit Thymian und Olivenöl über der Paprika verteilen und mit Salz und Pfeffer würzen. Im vorgeheizten Backofen bei Ober- und Unterhitze etwa 30 Minuten garen, bis die Haut Blasen wirft. Aus dem Ofen nehmen, die Haut von den Paprikavierteln abziehen und fein würfeln.

3. Die Orange schälen, sodass die Schale samt der weißen Haut vollständig entfernt wird. Die Orangenfilets herausschneiden, diese ebenfalls fein würfeln, den Saft dabei auffangen. Schalotte und 1 Knoblauchzehe schälen, fein würfeln und in heißem Olivenöl glasig anschwitzen.

4. Die Schalottenmischung, Paprika- und Orangenwürfel sowie Orangensaft in eine Schüssel geben. Mit Balsamico, Orangensalz und Pfeffer würzen und die Petersilie untermischen. Zugedeckt bis zum Servieren ziehen lassen.

5. Die Riesengarnelen mit Küchenpapier gründlich trocken tupfen, anschließend in Speisestärke wälzen und die überschüssige Stärke gut abklopfen. Die Chilischote halbieren, die Kerne herauskratzen und die Schote fein würfeln.

6. Die Orangenschale mit Chili, Orangensalz, Zucker und Maismehl vermischen. Die Eiweiße leicht anschlagen, die bemehlten Garnelen auf eine Gabel spießen und durch die Eiweiße ziehen. Anschließend in der Orangen-Chili-Mischung wenden und eventuell überschüssige Würze behutsam mit den Fingern abklopfen.

7. Das Butterschmalz auf 160 °C erhitzen, die Garnelen darin portionsweise goldbraun ausbacken, mit dem Schaumlöffel herausheben und auf Küchenpapier entfetten. Die Chili-Garnelen zusammen mit der Paprika-Orangen-Salsa servieren.

TEMPURATEIG

herstellen und verarbeiten

(1) Mehl, Wasser und Eigelbe zu einem homogenen Teig verrühren und diesen 10 Minuten quellen lassen.

(2) Das Frittieröl auf 170 °C erhitzen. Die Garnelen trocken tupfen, würzen, mehlieren, durch den Teig ziehen und sofort goldgelb ausbacken.

Garnelen-Tempura mit Asiadips

Getrocknete Shrimps sowie Fisch- und Sojasauce geben die salzende Würze.

ZUBEREITUNGSZEIT ca. 1 Std.

FÜR DIE CHILI-KORIANDER-SAUCE
1 Knoblauchzehe • 1 rote Chili • 2 Schalotten • 1 EL Zucker • Saft einer Limette
5 EL Fischsauce • 1 EL süße Sojasauce
2 Limettenblätter • ½ Bund Koriander
Fischsauce zum Abschmecken

FÜR DIE ERDNUSS-CURRY-SAUCE
½ geschälte Knoblauchzehe • ½ TL getrocknete Shrimps • 50 g Erdnüsse, geschält und geröstet
¼ rote Chili • 1 TL Öl • ½ TL Currypulver
½ TL Kurkuma • 3 TL Fischsauce • 150 ml Kokosmilch • 1 EL süße Sojasauce

FÜR DEN TEMPURATEIG
160 g Tempuramehl • 380 ml Mineralwasser
2 Eigelbe

FÜR DIE GARNELEN
20 küchenfertige Garnelen • Salz • frisch gemahlener Pfeffer • Mehl zum Mehlieren
Erdnussöl zum Frittieren

1. Für die Chili-Koriander-Sauce Knoblauch, Chili sowie Schalotten schälen, klein würfeln und mit dem Mixer pürieren. Den Zucker in einem kleinen Topf karamellisieren und anschließend mit Limettensaft ablöschen. Abkühlen lassen, die Fischsauce hinzugeben sowie die süße Sojasauce.

2. Die Limettenblätter in sehr feine Streifen schneiden. Den Koriander waschen, trocken schütteln und ebenfalls in Streifen schneiden. Beides in die Sauce geben und mit Fischsauce abschmecken. Die Chili-Koriander-Sauce kalt stellen.

3. Für die Erdnuss-Curry-Sauce Knoblauch, Shrimps, Erdnüsse sowie Chili mit dem Mixer zu einer feinen Paste pürieren. Das Öl erhitzen, die Paste darin leicht anschwitzen und Currypulver sowie Kurkuma hinzufügen. Das Ganze mit Fischsauce ablöschen und mit Kokosmilch auffüllen. Die Sauce etwa 30 Minuten köcheln lassen.

4. Die Sauce mit einem Stabmixer fein pürieren. Die süße Sojasauce hinzugeben und das Ganze nochmals mit etwas Fischsauce abschmecken. Die Erdnuss-Curry-Sauce kann kalt sowie warm serviert werden.

5. Für den Tempurateig Mehl, Mineralwasser und Eigelbe zu einem Teig verarbeiten, wie in der Bildfolge beschrieben (Step 1).

6. Die Garnelen trocken tupfen, mit Salz und Pfeffer würzen, anschließend in Mehl wenden, überschüssiges Mehl leicht abklopfen und die Garnelen durch den Tempurateig ziehen (Step 2). Im heißen Öl goldbraun frittieren und sofort mit den beiden Saucen servieren.

S. 48 f.
WARENKUNDE
Salzende Zutaten

S. 52 f.
WARENKUNDE Sojasauce

Hummer aus dem Kamille-Salz-Fond

Australische Akaziensamen namens Wattleseed und feinaromatische Kamilleblüten machen dieses Gericht zu einer Delikatesse für Festtage.

ZUBEREITUNGSZEIT ca. 45 Min.

ZUTATEN
2 rote Zwiebeln • 2 Tomaten • 1 Stange Zitronengras (oder 1 TL frischer Majoran) • 4 EL Kamilleblüten (Reformhaus) 3 Lorbeerblätter • 40 g Kräuter-Meersalz (S. 42, 184) • 4 kleine Hummer (jeweils 500–800 g) • 40 g Butter • 1 Msp. Wattleseed (S. 184) • 1 EL feines Meersalz

1. Die Zwiebeln schälen und vierteln. Die Tomaten waschen, den Stielansatz entfernen und die Tomaten ebenfalls vierteln. Das Zitronengras putzen und sehr fein hacken.

2. Den Kamille-Meersalz-Fond zubereiten: In einem sehr großen Topf 8 l Wasser mit den Zwiebeln, den Kamilleblüten, den Lorbeerblättern, dem Kräuter-Meersalz und den Tomaten aufkochen.

3. **Die Hummer** nacheinander im Kamille-Meersalz-Fond garen: Jeden Hummer kopfüber in den kochenden Fond geben, mit geschlossenem Deckel etwa 6 Minuten kochen lassen, dann herausnehmen und anschließend in Eiswasser abschrecken.

4. **Die Scheren der Hummer** abdrehen und den Körper der Länge nach halbieren. Die Hummerhälften auseinanderklappen und mit einem Löffel die grünliche Leber aus der vorderen Hummerhälfte herausschaben. Dann jeweils behutsam mit den Fingerspitzen den gut sichtbaren Darm fassen und vorsichtig entfernen. Die Hummer anschließend auslösen, wie in der Bildfolge beschrieben.

5. **Die Hummerbeine** anschlagen, die Schale entfernen und das Fleisch herausziehen (Step 1). Die Scheren ausbrechen: Den oberen kleinen Scherenfinger nach oben wegbiegen und dann ganz wegziehen. Das untere Scherenglied abdrehen (Step 2).

6. **Das untere Scherenglied** im Gelenk auseinanderziehen und das innen liegende Fleisch auslösen. Das große Scherenglied mit dem Messerrücken anschlagen. Das angeschlagene Panzerstück von der großen Schere wegbrechen, das Scherenfleisch lockern und dann ganz herausziehen (Step 3).

7. **Das Hummerfleisch** in der Butter etwa 2 Minuten braten. Wattleseed-Samen und Meersalz vermischen. Den Hummer mit Wattleseed-Salz und fein gehacktem Zitronengras wurzen. Sofort servieren. Falls Sie keine Wattleseed-Samen bekommen, können Sie ersatzweise 20 geschälte Walnüsse mit 100 g Meersalz in eine elektrische Kaffeemühle geben und zusammen fein vermahlen.

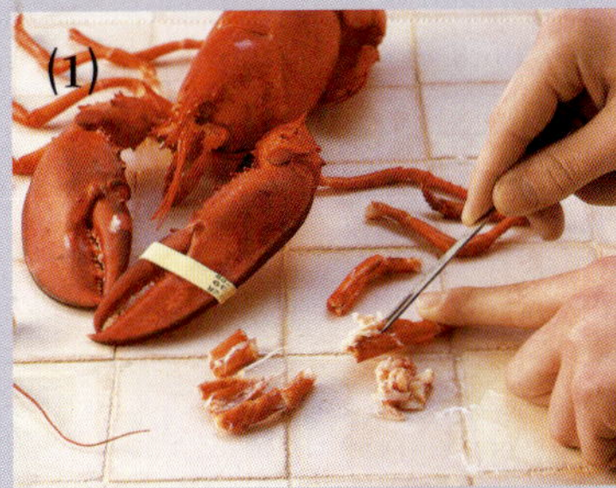

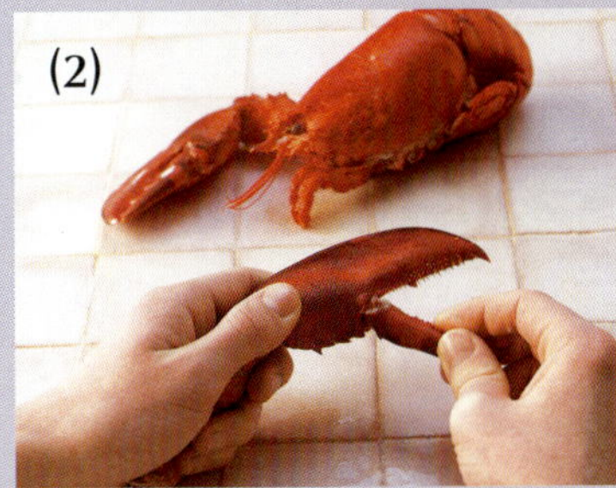

HUMMER ZERTEILEN
und die Teile auslösen

(1) Antennen und Beine abdrehen. Die Beine mit dem Messerrücken anschlagen, Schalen entfernen und das Fleisch mit einer Hummergabel herausziehen.

(2) Von den Scheren den kleinen Scherenfinger abziehen, das untere Scherenglied von der Schere abdrehen.

(3) Das große Scherenglied mit dem Messerrücken anschlagen, aufbrechen und das Fleisch herausziehen.

Jakobsmuscheln mit Hibiskussalz

ZUBEREITUNGSZEIT ca. 1 Std.

FÜR DAS HIBISKUSSALZ (S. 181)
25 g getrocknete Hibiskusblüten (Reformhaus)
50 g Flor de Sal (Portugiesische Salzblüte)

FÜR DIE GEBRATENEN JAKOBSMUSCHELN
150 g gemischte Trockenfrüchte • 100 g Zucker
¼ l Weißwein • 500 g Sauerteigbrot (32 dünne Scheiben) • 16 Scheiben Boudin noir (je 20 g; oder Blutwurst) • Mehl • 8 Jakobsmuscheln
50 g gebräunte Butter • frischer Thymian
Hibiskussalz nach Belieben (S. 184) • frisch gemahlener Pfeffer • Olivenöl zum Beträufeln

1. Das Hibiskussalz herstellen, wie in der Bildfolge beschrieben. Die Trockenfrüchte mit Zucker und Weißwein erhitzen, bis die Früchte die Flüssigkeit vollständig aufgenommen haben. Das Sauerteigbrot mit Trockenfrüchten belegen.

2. Die Blutwurstscheiben mehlieren, sehr kurz anbraten und je zwei Scheiben auf die Trockenfrüchte legen. Mit je einer Scheibe Brot belegen, von beiden Seiten in einer Pfanne kurz anbraten bzw. rösten. Die Jakobsmuscheln in Butter mit dem Thymian glasig braten. Auf die Brote legen, mit Hibiskussalz und Pfeffer würzen und mit Öl beträufeln.

HIBISKUSSALZ
selbst herstellen

(1) Die getrockneten Hibiskusblüten grob zerkleinern und anschließend mit dem Salz mischen.

(2) Dann die Mischung in einer elektrischen Kaffeemühle oder im Mixer fein vermahlen.

(3) Das Hibiskussalz in einem dicht schließenden Glas bevorraten.

ORANGENSALZ
selbst herstellen

(1) Die Orangen waschen, mit Schale in dünne Scheiben schneiden und auf ein mit Backpapier belegtes Blech geben.

(2) Dünn mit Puderzucker bestreuen und 2 bis 3 Stunden bei 80 °C (Umluft) trocknen (einmal wenden).

(3) Die gut abgekühlten Orangen zerbrechen und zermörsern oder mit einem Mixer fein mahlen und mit dem Meersalz mixen.

Kartoffelauflauf mit Orangensalz

Ein scheinbar alltägliches Gericht wird hier raffiniert verfeinert.

ZUBEREITUNGSZEIT ca. 2 Std. 30 Min.
ZIEHZEIT FÜR KARTOFFELN ca. 3 Std.
TROCKENZEIT FÜR DAS SALZ ca. 3 Std.

FÜR DAS ORANGENSALZ (S. 182)
2 unbehandelte Orangen • Puderzucker zum Bestreuen • 100 g grobes Meersalz

FÜR DEN KARTOFFELAUFLAUF
800 g mehlig kochende Kartoffeln • 40 g Orangensalz nach Belieben • 4 EL Zitronensaft
1 rote Zwiebel • 1 Fenchelknolle • 1–2 EL Sojaöl • 200 ml Kokosmilch (oder Sahne)
50 g Sahne • 50 ml Weißwein • 30 g Zucker
1 Bund Majoran • ½ TL Currypulver • 100 g Pecorino • 2 EL geschnittenes Basilikum

1. Das Orangensalz zubereiten, wie in der Bildfolge beschrieben. Die Kartoffeln schälen, in schmale Spalten schneiden und in kochendem Salzwasser 1 Minute blanchieren. Mit 30 g Orangensalz und dem Zitronensaft vermischen und 3 bis 4 Stunden abgedeckt ziehen lassen. Die Kartoffeln anschließend in einem Sieb abtropfen lassen, die ablaufen-

de Flüssigkeit auffangen. Den Ofen auf 140 °C (Umluft) vorheizen.

2. Die Zwiebel schälen und in Streifen schneiden. Den Fenchel putzen, in Stücke schneiden und blanchieren. Die Zwiebeln in Öl anbraten und mit der Kartoffelflüssigkeit sowie mit Kokosmilch, Sahne und Wein ablöschen. Mit Zucker, Orangensalz, Majoran und Curry würzen.

3. Eine Auflaufform mit den Kartoffeln und dem Fenchel auslegen, mit der Zwiebel-Kokosmilch begießen, mit Pecorino bestreuen und im Ofen 1 Stunde 30 Minuten garen.

SERVIERTIPP Bestreuen Sie den Auflauf mit Basilikum und reichen Sie ihn zu Rindersteak, Lammkaree, gebratenem Waller oder Stör.

Pommes mit Thai-Style-Würzsalz

ZUBEREITUNGSZEIT ca. 1 Std.

FÜR DIE POMMES FRITES
800 g mehlig kochende Kartoffeln (z. B. Bintje, Desiree) • Erdnussöl zum Frittieren

FÜR DAS THAI-STYLE-WÜRZSALZ (S. 183)
2 getrocknete rote Chilis
1 Stängel Zitronengras • ½ TL abgeriebene Limettenschale
4 EL Murray River Salz (S. 184; oder Himalaya-Salz)

1. Die Kartoffeln schälen und in etwa 1 cm dicke und 8 cm lange Stifte schneiden. Die Kartoffelstifte 20 Minuten in kaltes Wasser legen, dann abgießen und gut abtrocknen.

2. Für das Thai-Style-Würzsalz die Chilis und das Zitronengras sehr fein hacken und mit der Limettenschale und dem Salz vermischen.

3. Das Erdnussöl auf 160 °C erhitzen und die Kartoffelstäbchen darin goldgelb frittieren, bis sie an der Oberfläche schwimmen. Herausnehmen und abtropfen lassen.

4. Kurz vor dem Servieren das Öl auf 180 bis 190 °C erhitzen und die Kartoffeln goldbraun und knusprig frittieren. Auf Küchenpapier abtropfen lassen und mit dem Salz bestreuen.

Papas arrugadas mit Mojo verde

ZUBEREITUNGSZEIT ca. 1 Std.

FÜR DIE PAPAS ARRUGADAS
1 kg kleine festkochende Kartoffeln (z. B. Grenaille, Papa Negra, Bonita) • 150 g Meersalz

FÜR DIE MOJO VERDE
1 Bund Koriandergrün • 1 Knoblauchzehe
1 grüne Chilischote • 1 Prise Meersalz
225 ml mildes Olivenöl • 1 EL Zitronensaft

1. **Die Kartoffeln** gründlich waschen und anschließend zubereiten, wie in der Bildfolge beschrieben wird. Die fertigen Papas arrugadas sollen eine runzelige Schale haben und eine feine Salzschicht auf der Schale aufweisen.

2. **Für die Mojo verde** die Blätter von den Stielen des Korianders zupfen und bei Bedarf waschen. Den Knoblauch schälen. Die Chili putzen und Kerne entfernen. Koriander, Chili und Knoblauch klein schneiden und im Mörser mit dem Salz zu einer Paste zerreiben.

3. **Das Olivenöl** langsam zugeben und gründlich unterrühren oder auch mit dem Mixer unterschlagen. Mit Salz und Zitronensaft abschmecken, kühl stellen und zu den fertig gegarten Papas arrugadas servieren.

PAPAS ARRUGADAS
mit Salzkruste zubereiten

(1) Die Kartoffeln in einen nicht zu breiten Topf geben und mit Wasser auffüllen, bis sie bedeckt sind. Das Salz hinzufügen und die Kartoffeln 25 bis 30 Minuten kochen.

(2) Den Deckel abnehmen, die Kartoffeln durchrütteln und so lange »abbrennen«, bis das restliche Wasser verdunstet ist und sich eine Salzschicht auf die Kartoffeln gelegt hat.

Salz in Salami und Waschpulver

Brot und Wein, Oliven, Parmaschinken und Parmesan, Mozzarella und Salami. Was will man mehr? Sa-la-mi. Das Wort zergeht schon auf der Zunge, schmilzt dahin wie eine Salzflocke. Salz verbirgt sich nicht nur im Wort Salami, sondern steckt auch als Zutat drin, wie in den anderen Antipasti. Doch bleiben wir bei den luftgetrockneten Würsten, den italienischen »salume«: 75 % mageres Schweinefleisch, 25 % Speck, Salz und Gewürze bilden die Rezeptur, aus der Salami vom Typ Milano und Nostrano in der Region Parma hergestellt werden. Der Kochsalzgehalt von rohem Schweinefleisch und Salami differiert gewaltig: 100 g Salami enthalten so viel Salz wie etwa 1,6 kg Schweinefleisch. Rohschinken bringt es etwa auf das Dreißigfache an Salz wie rohes Schwein, ebenso Matjes und Salzhering, verglichen mit dem Salzanteil in frischem grünem Hering. Bei Tomaten in der Dose sieht das Verhältnis gegenüber Frischware noch weit dramatischer aus, von gesalzenen Erdnüssen versus Peanuts in der Schale gar nicht zu reden, ebenso wenig von Pellkartoffeln im Vergleich zu Chips. Fakt ist, frische, unverarbeitete Lebensmittel besitzen einen natürlichen Salzanteil, der verschwindend gering ausfällt gegenüber demjenigen verarbeiteter Produkte. Deshalb schmecken diese ja auch »besser«, pikanter, denn Salz intensiviert das Geschmacksempfinden.

Salz in der Salami macht Sinn, nicht nur des Geschmacks wegen: Es konserviert die Wurst und legt Bakterien das Handwerk, bindet Wasser und erhöht damit das Gewicht, verändert und festigt die Gewebestruktur und verleiht der Wurst eine appetitliche Farbe. Alles Gepökelte, Schinken, Speck, Geselchtes, Wurst, profitiert von der Wirkung des Salzes, ebenso wie Salzhering, Räucherlachs, Tunfisch in der Dose oder eingelegtes Gemüse von Essiggurke bis Sauerkraut. In verarbeiteten Lebensmitteln, sowohl in Konserven als auch in Tiefkühlkost, Snacks oder Fertiggerichten für die Mikrowelle, steckt mehr Salz als in selbst zubereitetem Essen. Auch im Restaurant, in Kantine und Frittenbude ist mehr Salz im Spiel als zu Hause. Nicht nur Hamburger und Pommes sind gesalzen, auch Ketchup, Mayonnaise und Fertigsaucen. Sogar neutral schmeckendes Brot enthält es. Notwendig wäre es nicht, aber es ist praktisch. Denn Salz hält die Aktivität der Hefepilze im Griff, bremst Bakterien aus, lässt den Teig gleichmäßiger aufgehen und verhilft zu einer schönen Kruste. Es steckt fast überall, selbst in Süßigkeiten, Backwaren, Pudding oder Eis. »75 % der konsumierten Salzmenge stecken in verarbeiteten Lebensmitteln. 10 % stammen vom natürlichen Salzgehalt von Lebensmitteln und 15 % Salz fügt der Mensch beim Kochen oder beim Nachwürzen am Tisch zu«, fasst Arun Chockalingam zusammen, der Arzt ist und Generalsekretär der Welt-Hypertonie-Liga.

Wir essen viel Salz, in Deutschland im Schnitt pro Person 15 g am Tag. Im weltweiten Salzverbrauch – 240 Millionen Tonnen im Jahr – spielt Speisesalz jedoch eine untergeordnete Rolle. Gerade einmal 7 % entfallen auf Nahrungsmittel. 93 % des weltweiten Salzbedarfs landen in der Industrie. Zum Beispiel in der Glasfabrikation oder keramischen Industrie, in Metallveredelung, Elektrolyse und Kunststoffherstellung. Ohne Salz gäbe es keinen Dünger, kein Waschpulver und keine Geschirrspültabs. Man benötigt es zum Gerben von Fellen, zum Wasserenthärten, Auftauen vereister Straßen und zur Herstellung von Medikamenten. Und jedes Tier in der Intensivmast braucht Lecksteine und Salz im Futter. Womit wir wieder bei den Schweinen in Parma wären. Die werden mit überschüssiger Molke aus der Parmesanherstellung gefüttert. Der Käse selbst ruht drei Wochen in Salzlake, wobei er seinen Geschmack entwickelt.

Obwohl nur ein Bruchteil des weltweiten Salzbedarfs auf Nahrung entfällt, konsumieren wir zu viel Salz.

Bei den Antipasti führen schwarze Oliven die Rangliste der salzigsten Lebensmittel an. Salami liegt im Mittelfeld, gefolgt von Parmesan. Die Schlusslichter sind Mozzarella und Brot.

Mini-Kartoffeln im Salzbett mit Hüttenkäsedip

ZUBEREITUNGSZEIT ca. 1 Std.

FÜR DIE MINI-KARTOFFELN IM SALZBETT
1 kg Mini-Kartoffeln (Drillinge)
2 kg Meersalz • 1 EL Kümmel

FÜR DEN HÜTTENKÄSEDIP
¼ EL Thymianblättchen • 1 Knoblauchzehe • 300 g Hüttenkäse
3 EL Schnittlauchröllchen • 1 EL Kürbiskernöl • 2–3 EL geröstete Kürbiskerne • Salz • frisch gemahlener Pfeffer

1. Den Ofen auf 180 °C vorheizen. Die Kartoffeln waschen und trocken reiben. Das Meersalz mit dem Kümmel vermischen und die Hälfte auf ein Backblech verteilen. Die Kartoffeln daraufgeben und mit der anderen Hälfte des Salzes bedecken. Im Ofen etwa 50 bis 60 Minuten bei 180 °C (mittlere Schiene) backen.

2. Für den Dip den Thymian hacken. Den Knoblauch schälen und sehr fein schneiden. Alle Zutaten miteinander verrühren und abschmecken. Das Salz von den Kartoffeln abreiben und mit dem Dip servieren.

SERVIERTIPP Reichen Sie die Kartoffeln zu Rinder-, Schweine- oder Lammsteaks.

Rote Bete aus dem Salzbett mit Schnittlauch-Schmand

ZUBEREITUNGSZEIT ca. 2 Std.

FÜR DIE ROTEN BETE
1 kg kleine Rote Beten • 2 kg Meersalz
2 EL Kümmel

FÜR DEN SCHNITTLAUCH-SCHMAND
1 Knoblauchzehe • 300 g Schmand • Salz
frisch gemahlener Pfeffer • 4 EL Schnittlauchröllchen

1. Die Roten Beten gründlich waschen und trocken reiben. Den Ofen auf 180 °C vorheizen. Das Meersalz mit dem Kümmel vermischen. Die Hälfte der Salzmischung in eine ofenfeste Form geben, die Roten Beten hineinsetzen und mit dem restlichen Salz bedecken. Die Form auf dem Gitter in den heißen Ofen schieben und je nach Größe der Roten Beten 1 Stunde bis 1 Stunde 30 Minuten garen.

2. Für den Schnittlauch-Schmand den Knoblauch schälen und sehr fein hacken. Alle Zutaten zusammenrühren und kalt stellen. Die gegarten Roten Beten aus dem Salzbett nehmen, schälen, in gleichmäßige Scheiben schneiden und mit dem Schnittlauch-Schmand servieren.

In Folie mit Salz

Wem gerade nicht so viel Meersalz zur Verfügung steht, der kann eine andere Garmethode praktizieren: Würzen Sie die gründlich gewaschenen und getrockneten Roten Beten rundherum mit Meersalz und Kümmel und wickeln Sie dann jede Knolle separat in ein Stück Alufolie ein. Garen Sie die Rote-Bete-Knollen im vorgeheizten Backofen bei 180 °C Ober-/Unterhitze bissfest, das dauert je nach Größe etwa 1 Stunde 30 Minuten.

S. 68
KÜCHENPRAXIS Salzbett

Kürbispüree mit Lavendelsalz

ZUBEREITUNGSZEIT ca. 30 Min.
ZIEHZEIT FÜR DAS SALZ ca. 12 Std.

FÜR DAS LAVENDELSALZ (S. 182)
10 g getrockneter Lavendel • 100 g Meersalz

FÜR DAS KÜRBISPÜREE
800 g Hokkaidokürbis • 1 Zwiebel
1 EL Butter • 200 ml Gemüsefond (Glas; oder Geflügelfond) • 100 g Sahne (oder Crème fraîche) • 1–2 TL Lavendelsalz nach Belieben (S. 184) • 1 EL Kürbiskernöl
3 EL geröstete Kürbiskerne

1. Den Kürbis waschen, vierteln, klein schneiden. Die Zwiebel schälen, fein würfeln und in Butter andünsten. Kürbis zugeben und mitdünsten. Mit Gemüsefond aufgießen, etwa 15 Minuten köcheln lassen, den Kürbis in ein Sieb geben und abtropfen lassen, Flüssigkeit auffangen.

2. Mit dem Pürierstab den Kürbis mit der Sahne und Garflüssigkeit (je nach Konsistenz) fein pürieren und mit Lavendelsalz und Kürbiskernöl abschmecken. Mit Kürbiskernen und Kürbiskernöl anrichten. Das Püree passt zu weißem gebratenem Fisch (z.B. Steinbutt), Kakaonudeln oder Jakobsmuscheln sowie zu Lammgerichten.

LAVENDELSALZ
selbst herstellen

(1) Den getrockneten Lavendel mit dem Meersalz vermischen und in der Kaffeemühle, im Blitzhacker oder Mörser zerkleinern, sodass keine großen Salzkristalle mehr vorhanden sind.

(2) Das Salz in ein Glas geben, gut verschließen und vor dem Gebrauch 1 Tag durchziehen lassen.

... und süße
Gerichte genießen

Desserts, Süßspeisen und Gebäck

Salz ist immer für eine feine Überraschung gut: Auch bei süßen Gerichten und bei Gebäck avanciert es gerne zum aromatischen i-Tüpfelchen.

KRÖNENDER ABSCHLUSS eines Menüs, edle Nascherei und feines Backwerk: Sie alle profitieren von kreativ eingesetztem Salz, das als perfekte Ergänzung zur süßen oder knusprigen Geschmacksrichtung fungiert. Doch ganz egal, für welches Rezept Sie sich entscheiden und ob darin ein feines Edelsalz oder ein starkaromatisches Gewürzsalz zum Zuge kommt: Der Effekt wird Sie angenehm überraschen. Und dabei muss der Aufwand beim Zubereiten gar nicht immer groß sein, denn auch einfache Rezepte sorgen für einen starken Auftritt, wie das folgende Beispiel beweist.

SHORTBREAD MIT JADESALZ

Das typisch englische Teegebäck bietet viel Spielraum für Salzkreationen: Nicht nur im Mürbteig spielt Salz für die Aromabalance eine wichtige Rolle, sondern auch als Deko haben hier Salzspezialitäten, wie beispielsweise grünes Jadesalz und rotes Hibiskussalz, das Sagen.

Für den Mürbteig 250 g Mehl mit 100 g Zucker und ¼ TL Nuchi-Masu (S. 41) mischen. 150 g weiche Butter in Flöckchen dazugeben und alles rasch zu einem Mürbteig verkneten. Falls die Masse zu trocken ist, 1 EL Milch hinzufügen. Den Teig zur Kugel formen und in Folie gewickelt 2 Stunden kühl stellen.

Den Ofen auf 180 °C vorheizen. Den Teig zwischen zwei Folien 1 cm dick ausrollen und mit einem Teigrad in Streifen (5 x 2 cm) schneiden. Diese mit wenig Abstand auf ein mit Backpapier belegtes Blech legen, mit Wasser bepinseln und dünn mit Jadesalz (oder Hibiskus- oder Rosensalz) bestreuen. Etwa 25 Minuten backen, auf einem Kuchengitter auskühlen lassen und als Teegebäck servieren.

Die Menge spielt (k)eine Rolle

Schon 1 Prise Salz in Süßem trägt zur Aromabalance bei. Mehr Salz fällt auf – und passt trotzdem oft sehr gut zu Sorbet, Praline, Torte & Co.

BASILIKUMSALZ
selbst herstellen

(1) Das gerebelte Basilikum mit dem Himalaya-Salz mischen.

(2) Die Mischung im Mörser fein zerstoßen, das Kräutersalz in ein dicht schließendes Glas füllen und 1 Tag aromatisieren lassen.

Süßes Tomatensorbet mit Basilikumsalz

Kühl und feinfruchtig, so überrascht dieses Dessert, das durch aromatisiertes Kräutersalz den letzten Feinschliff erhält.

ZUBEREITUNGSZEIT ca. 2 Std. 30 Min.
FÜR DAS SALZ ca. 24 Std.

FÜR DAS BASILIKUMSALZ (S. 180)
1 EL getrocknetes, fein gerebeltes Basilikum
1 TL Himalaya-Salz

FÜR DAS TOMATENSORBET
1,2 kg vollreife Eiertomaten (ergibt 400 ml weißen Tomatensaft) • 1 EL Glukose (oder 3 Blätter Gelatine) • 2 EL Zucker nach Belieben
Spritzbeutel mit Rosettentülle

FÜR DIE KANDIERTEN TOMATEN
2 vollreife Tomaten • Puderzucker zum Bestreuen

1. Das Basilikumsalz herstellen, wie in der Bildfolge links beschrieben. Für das Tomatensorbet die Tomaten waschen, abtropfen lassen, vom Strunk befreien und im Küchenmixer fein pürieren. Über Nacht durch ein Passiertuch tropfen lassen. Den weißen Tomatensaft auffangen; es sollten etwa 400 ml sein. Die abgetropften Tomatenreste anderweitig verwenden (z.B. für eine selbst gemachte Tomatensauce).

2. Vom weißen Tomatensaft 100 ml abmessen, erwärmen und die Glukose (oder eingeweichte Gelatine) darin mit dem Zucker auflösen. Mit dem restlichen Tomatensaft vermischen und alles abkühlen lassen.

3. Für die kandierten Tomaten die Tomaten überbrühen, abschrecken, häuten und vierteln. Kerngehäuse entfernen. Das Tomatenfleisch auf Küchenpapier abtropfen lassen, auf ein mit Backpapier belegtes Blech legen. Dünn mit Puderzucker bestreuen und bei 40 bis 50 °C (Umluft) im Ofen bei leicht geöffneter Tür 2 Stunden trocknen.

4. Den weißen Tomatensaft in die Eismaschine geben und unter Rühren gefrieren. Falls keine Eismaschine vorhanden ist, eine Schüssel mit dem Saft in das Tiefkühlfach geben und 3 Stunden tiefkühlen, dabei alle 20 bis 30 Minuten durchrühren. Mit Basilikumsalz bestreuen.

SERVIERTIPP Spritzen Sie das Sorbet mit einer Rosettentülle in Gläser oder stechen Sie mit einem Löffel Nocken aus dem Sorbet. Mit kandierten Tomaten garnieren.

Guacamole-Parfait mit Limettensalz

Der mexikanische Avocadodip einmal ganz anders: als fruchtige, hocharomatische Nachspeise.

ZUBEREITUNGSZEIT ca. 1 Std.
TROCKENZEIT ca. 2 Std.
TIEFKÜHLZEIT ca. 4 Std.

FÜR DAS LIMETTENSALZ (S. 65, 182)
5 Limetten • Puderzucker zum Bestreuen
100 g grobes Meersalz

FÜR DAS GUACAMOLE-PARFAIT
2 reife Avocados • 20 g Limettensalz • 2–3 EL Zitronensaft • 100 g Zucker • 2 kleine frische Eier • 2 frische Eigelbe • 250 g geschlagene Sahne

1. Für das Limettensalz die Limetten heiß waschen, trocken reiben, in dünne Scheiben aufschneiden und auf ein Blech mit Backpapier legen. Dünn mit Puderzucker bestreuen und 2 Stunden im Backofen bei 80 °C Heißluft trocknen. Die Limettenscheiben abkühlen lassen, fein mixen, mit dem Meersalz mischen und erneut mixen.

2. Für das Guacamole-Parfait die Avocados halbieren, den Kern entfernen, das Fleisch mit einem Löffel aus der Schale heben, sofort mit 1 EL Limettensalz, dem Zitronensaft und 2 EL Zucker fein pürieren und zugedeckt kühl stellen.

3. Die Eier mit den Eigelben, dem restlichen Limettensalz und Zucker über einem heißen Wasserbad mit einem Handrührgerät zu einer schaumigen Creme aufschlagen. Anschließend von der Hitze nehmen und das Avocadopüree unterheben. Die Sahne unterziehen, die Masse in eine möglichst hohe Schale oder Form geben und mindestens 4 Stunden tiefkühlen.

SERVIERTIPP Schneiden Sie das Parfait mit einem warmen Messer in 2 cm dicke Scheiben, halbieren Sie diese diagonal und richten Sie die Dreiecke auf marinierten Erdbeeren und Brombeeren an. Mit etwas Limettensalz bestreut servieren.

S. 63 ff.
KÜCHENPRAXIS
Gewürzsalze selbst zubereiten

Zartbittermousse mit Trüffelsalz und Shortbreads

ZUBEREITUNGSZEIT
ca. 45 Min.
KÜHLZEIT FÜR DIE MOUSSE
ca. 4 Std.

FÜR DIE ZARTBITTERMOUSSE
125 g Zartbitterschokolade (mind. 70 % Kakao) • 1 frisches Eigelb
2 große frische Eier • 75 g Zucker
1 g schwarzes Trüffelsalz (S. 184; oder Lavendelsalz) • 300 g Sahne
Spritzbeutel mit Lochtülle

FÜR DIE TRÜFFELSALZ-SHORTBREADS
125 g weiche Butter • 30 g Zucker
30 g feiner brauner Zucker • 2 g Trüffelsalz (S. 184; oder Lavendelsalz) • 180 g Mehl (Type 405)
Zucker zum Bestreuen

S. 45
WARENKUNDE Trüffelsalz

1. Für die Zartbittermousse die Schokolade in kleine Stücke brechen und unter Rühren über einem heißen Wasserbad schmelzen. Das Eigelb mit den Eiern, dem Zucker und dem Trüffelsalz in der Küchenmaschine luftig aufschlagen.

2. Die Schokolade auskühlen lassen, dann vorsichtig unter die Eimasse heben. Die Sahne steif schlagen und unter die Schokoladen-Schaummasse ziehen. Die Masse mithilfe eines Spritzbeutels mit großer Lochtülle in vier Gläser (je etwa 150 ml Inhalt) füllen und mindestens 4 Stunden kalt stellen.

3. Für die Trüffelsalz-Shortbreads die weiche Butter mit den zwei Zuckersorten und dem Salz schaumig rühren. Das Mehl einrühren und den Teig anschließend in Frischhaltefolie gewickelt etwa 2 Stunden kühl stellen.

4. Den Backofen auf 180 °C vorheizen. Den Teig aus der Folie nehmen, zwischen zwei Folien fingerdick ausrollen und in 5 mm breite Streifen mit einer Länge von etwa 8 cm schneiden. Auf ein mit Backpapier belegtes Backblech setzen und 12 bis 15 Minuten goldbraun backen. Anschließend sofort dünn mit Zucker bestreuen. Ausgekühlt zur Zartbittermousse reichen.

Galadinner und Gottesdienst

Die Besichtigung von Salzbergwerken war im Zeitalter des Feudalismus ein extravagantes Vergnügen, das adligen Reisenden vorbehalten war. So tafelte etwa der russische Zar im Schein von tausend Kerzen in den Salzminen des englischen Cheshire oder der König von Polen bat blaublütige Besucher zum Galadinner oder zur Bootspartie auf Salzseen nach Wieliczka.

Salz spielt in Religionen und Mythen eine Rolle, ist Gottesgabe, Fluch, Würze des Lebens und Kostbarkeit.

Die Kleinstadt Wieliczka, deren Name »Großes Salz« bedeutet, befindet sich 12 km südlich von Krakau. Man baute vom 13. Jahrhundert bis etwa 1996 in Stollen von über 300 km Länge Steinsalz ab. Nebenbei aber schlugen die frommen Bergmänner im Laufe der Zeit Grotten, Kapellen, ja ganze Kirchen mit Haupt- und Seitenschiffen, Reliefs, Altären, Kanzeln, Leuchtern, Kandelabern und Skulpturen aus den Salzstöcken heraus. In den Kapellen wurden regelmäßig Messen gelesen, um von den Heiligen Schutz für die Bergleute zu erbitten. Die fast 1.000 m^2 große, erst um 1900 geschaffene Kathedrale der hl. Kinga (Kunigunde) bildet das Herzstück der Salzkunst. Der Legende nach verdankte man der ungarischen Prinzessin, die mit dem Fürsten von Krakau vermählt und von Johannes Paul II. seliggesprochen wurde, um 1290 die Entdeckung des polnischen Salzes. Wegen ihrer hervorragenden Akkustik und ihrer mystischen Atmosphäre werden die Kinga-Kathedrale und andere Kapellen unter Tage noch heute für Konzerte, festliche Gottesdienste, Hochzeiten und Events genutzt. Manche der berühmten Besucher des sakralen Salzlabyrinths haben sich für immer darin verewigt, wie Kopernikus, der polnische Papst und Goethe. Letzterer erstarrte 2001 quasi zur Salzsäule, als sein Abbild in einer Abbaukammer namens Weimar aus Steinsalz gemeißelt wurde.

SODOM UND GOMORRHA

Das Begriffspaar stammt aus dem Alten Testament: Gott lässt Lots Frau zur Salzsäule erstarren, als sie sich auf der Flucht aus dem verdammten Sodom und Gomorrha umdreht und in die reichen hebräischen Salzstädte zurückkehren will. Das Alte Testament schreibt Salz an verschiedensten Stellen Bedeutung zu: Es besiegelt Aarons Bund mit Gott, soll bei allen Opfergaben dargebracht werden und wird auch zu Gottes Strafe, indem sich fruchtbarer Boden in eine Salzwüste verwandelt. Und im Neuen Testament nennt Jesus seine Jünger das Salz der Erde.

Ob Bibel, Koran, Talmud oder antike Götterepen, Salz spielt in allen Religionen und Mythen eine große Rolle. Die Nymphe Thetis, Namenspatronin des Urmeers, aus dem das Steinsalz stammt, bringt ihrem Gemahl Peleus Salz als göttliche Hochzeitsgabe dar. Man besiegelt damit Verträge, Freundschaften und Treueschwüre. Nach jüdischem Brauch wurden Neugeborene mit Salz eingerieben, um sie vor Bösem zu schützen. Wer Brot und Salz in der Tasche hatte, bannte nach mittelalterlichem Aberglauben Hexenzauber und den bösen Blick, und das nicht nur in Europa, sondern auch in Japan oder auf Haiti. Brot und Salz als Symbol für Wohlstand im neuen Haus sind auch in Osteuropa, in Russland sowie in orientalischen Kulturen willkommen.

Salz ist zu allen Zeiten auch in die Sprache in Form von Redensarten und Sprichwörtern eingeflossen: Schon bei den alten Griechen und Römern war der Geist, Witz, Esprit das Salz in der Suppe, gleichzusetzen mit der Würze des Lebens, und eine gute Rede mit einem Salzkorn, cum grano salis, gewürzt. Gesalzen können allerdings nicht nur Worte, sondern auch Rechnungen sein. Und das ist ebenso wenig erfreulich wie Salz, das man in Wunden streut.

Apropos streuen: Im Zeitalter der Entdeckungen standen auf den Tafeln der Mächtigen keine banalen Salzstreuer, sondern pompöse Salieren aus Porzellan und Edelmetallen, kunstvoll ausgearbeitet, bemalt und verziert. Weil der Inhalt so wertvoll war, besaßen manche Salzgefäße sogar ein Schloss. Denn Salz war für die Menschheit die längste Zeit über ein höchst kostbares Gut. Es war und ist der Stoff, der Leben überhaupt möglich macht. Kein Wunder, dass ihm Zauberkraft angedichtet wurde und es bis heute hohen Symbolwert besitzt.

Die mystische Atmosphäre alter Salzgrotten hat ihren eigenen Charme. So werden sie für Besucher zu einer besonderen Attraktion.

Keksschichttorte mit Vanillesalz

ZUBEREITUNGSZEIT
ca. 45 Min.
KÜHLZEIT ca. 2 Std.

FÜR DIE KEKSSCHICHTTORTE
1 TL Verbene (Eisenkraut; Kräuter- oder Teeladen) • 50 ml frisch zubereiteter Espresso • 190 g Kokosfett • 150 g Puderzucker
1 EL fein gemahlenes Vanillesalz (S. 64, 184) • 30 g Kakaopulver
2 kleine Eier • 10–15 Butterkekse

FÜR DIE JOHANNIS-BEERCREME
250 g Johannisbeeren (oder Blau- oder Erdbeeren) • 50 g Sahnequark • 1 EL brauner Zucker
1 Msp.–½ TL Vanillesalz nach Belieben (S. 64, 184)

S. 64
KÜCHENPRAXIS Vanillesalz

1. Für die Keksschichttorte die Verbenenblätter im warmen Espresso einlegen und mindestens 15 Minuten darin ziehen lassen. Inzwischen das Kokosfett über dem heißen Wasserbad auf etwa 20 °C erwärmen und etwas abkühlen lassen, bis es weich, aber nicht mehr flüssig ist.

2. Das Kokosfett mit dem Puderzucker, 1 TL Vanillesalz und dem Kakaopulver gründlich verrühren. Ein Ei nach dem anderen gründlich unter die Schokoladenmasse schlagen. Den vollständig erkalteten Espresso durch ein Sieb abgießen und langsam unter die Schoko-Fett-Masse schlagen, sodass sie dickcremig wird.

3. Die Schokoladenmasse etwa 1 cm hoch in eine schmale Pasteten- oder Minibackform einfüllen, dann Kekse darauflegen. Das Ganze insgesamt viermal wiederholen; die letzte Schicht muss wieder Schokoladenmasse sein. Abgedeckt 2 Stunden kühl stellen.

4. Für die Johannisbeercreme die Johannisbeeren waschen, abtropfen lassen und vom Stiel zupfen. Die Beeren mit Quark, Zucker und Vanillesalz grob mixen und kühl stellen.

5. Die Keksschichttorte aus der Schale stürzen und in 2 cm dicke Scheiben schneiden. Auf der Johannisbeercreme anrichten und mit dem restlichen Vanillesalz bestreut servieren. Dazu passt auch sehr gut ein salziges Oliveneis.

Schokoladenkonfekt mit Orangensalz

ZUBEREITUNGSZEIT ca. 30 Min.
AUSKÜHLZEIT ca. 4 Std.

ZUTATEN
250 g Zartbitterschokolade (mind. 52 % Kakao)
100 g Sahne • abgeriebene Schale von 1 unbehandelten Orange • 4 EL Grand Marnier (oder Cointreau) • 1 TL feines Orangensalz nach Belieben (S. 150, 184)

1. Für das Konfekt die Schokolade grob hacken. Die Sahne auf dem Herd zum Kochen bringen, die zerkleinerte Schokolade hinzufügen und den Topf vom Feuer nehmen. Die Schokolade auflösen, Orangenschale und Grand Marnier dazugeben und abkühlen lassen, bis die Schokoladenmasse anfängt, fest zu werden.

2. Die Schokoladenmasse mit einem Schneebesen oder in der Küchenmaschine aufschlagen und anschließend 2 cm dick auf ein mit Frischhaltefolie belegtes Backblech streichen. Mit etwas Orangensalz bestreuen und nach dem Auskühlen (nach mindestens 4 Stunden, besser über Nacht) mit einem Messer, das immer wieder in heißes Wasser getaucht wird, in kleine Quadrate schneiden.

Gesalzene Trüffel

Bereiten Sie eine Karamellmasse zu: 100 g Zucker in einem Topf schmelzen und bernsteinfarben karamellisieren. 20 g gesalzene Butter unterrühren, 150 g kochend heiße Sahne zugießen, 1 Minute köcheln und auskühlen lassen. Die Karamellmasse in Zartbitterhohlkugeln (Confiseriebedarf) füllen, mit geschmolzener Zartbitterkuvertüre verschließen und mit einigen Kristallen Fleur de Sel bestreuen.

S. 150
REZEPT Orangensalz

Karamelltarte mit Fleur de Sel

ZUBEREITUNGSZEIT
ca. 45 Min.
KÜHLZEIT ca. 4 Std.

FÜR DEN TEIG (FÜR EINE FORM VON 22 CM)
1 Vanilleschote • 50 g weiche Butter • 30 g Puderzucker
1 Prise Salz • 1 kleines verquirltes Ei • 100 g Mehl • Butter für die Backform • Mehl zum Ausrollen • Hülsenfrüchte zum Blindbacken

FÜR DEN BELAG
100 g Sahne • 140 g Zucker
70 g ungesalzene Butter
½ TL Fleur de Sel • gesüßte Crème fraîche zum Servieren

S. 50
WARENKUNDE Fleur de Sel

1. Für den Teig die Vanilleschote aufschlitzen und das Vanillemark herausschaben. Die Butter schaumig rühren und den Puderzucker, das Salz sowie das Vanillemark zugeben. Nach und nach das Ei und das Mehl unterrühren. Den Teig in Frischhaltefolie gewickelt im Kühlschrank mindestens 2 Stunden ruhen lassen.

2. Die Backform mit Butter ausstreichen. Den Teig auf einer bemehlten Arbeitsfläche ausrollen. Die Form mit dem Teig auslegen, dabei einen 2 cm hohen Rand formen. Den Ofen auf 180 °C (Umluft) vorheizen. Den Teigboden mit Backpapier belegen, die Hülsenfrüchte einfüllen und den Teig 12 Minuten blindbacken. Herausnehmen, Papier und Hülsenfrüchte entfernen.

3. Für den Belag die Sahne erwärmen. In einem zweiten Topf den Zucker mit 1 EL Wasser so lange köcheln lassen, bis der Zucker einen dunkelbraunen Farbton angenommen hat. Dann die Butter, das Salz und nach und nach die warme Sahne zugeben, hierbei ständig rühren. Die Toffeemasse etwa 5 Minuten köcheln lassen, auf den vorgebackenen Boden geben, 2 Stunden abkühlen und fest werden lassen.

SERVIERTIPP Zum Servieren schneiden Sie die Tarte in winzige Stücke und reichen sie mit leicht gesüßter Crème fraîche.

Käsesablé mit Zitronenconfit

Rosmarinsalz veredelt dieses Käsegebäck, das bestens zu einem kleinen Aperitif oder auch Digestif passt.

ZUBEREITUNGSZEIT ca. 1 Std. 30 Min.

FÜR DAS KÄSESABLÉ
250 g Mehl • 125 g fein geriebener Hartkäse (z. B. junger Parmesan, Gruyère oder junger Pecorino) • 1 Prise Piment d' Espelette (oder frisch gemahlener weißer Pfeffer)
250 g Rohmilchbutter (Sauerrahmbutter) • 1 Eiweiß
Rosmarinsalz zum Bestreuen (S. 92, 184)

FÜR DAS GESALZENE ZITRONENCONFIT
2 unbehandelte Zitronen • 300 g Zwiebeln • 100 ml fruchtiges Olivenöl • Meersalz und Zucker zum Abschmecken
1 Salzzitrone (S. 83, 184) • 2–3 Twist-off-Gläser

1. Für das Käsesablé das Mehl und den Käse mit dem Piment d'Espelette mischen, die Butter in Flöckchen sowie das Eiweiß dazugeben und rasch zu einem Teig kneten. Aus dem Käsemürbteig 3 bis 4 Rollen mit je etwa 3,5 cm Durchmesser formen, dabei den Teig nicht übermäßig bearbeiten. Die Rollen in Frischhaltefolie gewickelt mindestens 1 Stunde kühl stellen.

2. Für das Zitronenconfit die Zitronen heiß abwaschen, trocken reiben und mit der Schale in feine Würfel schneiden, dabei die Kerne entfernen und auslaufenden Saft auffangen. Die Zwiebeln schälen, fein würfeln und anschließend in Olivenöl bei kleiner Hitze weich dünsten. Die Zitronenwürfel mit dem

S. 83
REZEPT Salzzitronen

S. 92
REZEPT Rosmarinsalz

aufgefangenen Saft hinzugeben und mit Salz und Zucker würzen. Die Masse unter gelegentlichem Umrühren 30 Minuten leise köcheln lassen.

3. Die Salzzitrone sehr fein hacken und untermischen. Das fertige Zitronenconfit – es soll marmeladenartige Konsistenz haben – in heiß ausgespülte Twist-off-Gläser abfüllen. Den Backofen auf 175 °C (Ober-/Unterhitze) vorheizen.

4. Den Käsemürbteig aus der Folie nehmen und mit einem scharfen Messer in 5 mm dicke Scheiben schneiden. Die Teigscheiben auf ein mit Backpapier ausgelegtes Blech geben, jeweils dünn mit etwas Rosmarinsalz bestreuen und im vorgeheizten Backofen etwa 8 bis 10 Minuten goldbraun backen.

SERVIERTIPP Füllen Sie das Zitronenconfit in Likörgläser und stecken Sie jeweils ein Käsesablé hinein. Der Sabléteig lässt sich gut tiefkühlen und durch Zugabe von Gewürzen (z. B. Curry) oder Kräutern (z. B. Rosmarin) variieren.

Gefüllte Eis-Aprikosen mit Fleur de Sel und Pesto

Exquisite Salzblüte veredelt dieses opulente Eisdessert aus frischen Früchten und sahnig-leichter Karamellcreme.

ZUBEREITUNGSZEIT ca. 45 Min.
KÜHLZEIT ca. 12 Std.

FÜR DIE KARAMELLCREME
150 g Zucker • 150 g Sahne
1 Prise Fleur de Sel • Spritzbeutel mit Lochtülle

FÜR DIE EIS-APRIKOSEN
6 sehr reife Aprikosen • 50 g Puderzucker • 50 ml Weißwein
2 EL Amaretto • 4 EL Zitronensaft • Fleur de Sel zum Bestreuen
Silikonmatte mit halbrunden Mulden (je 3 cm Durchmesser)

FÜR DAS PESTO
6 Stängel Basilikum • 75 ml Sonnenblumenöl • ½ TL Ascorbinsäure (Apotheke) • 75 g Puderzucker

1. Für die Karamellcreme den Zucker in einem Topf braun karamellisieren. Den Topf vom Herd nehmen, frisch aufgekochte Sahne unter Rühren dazugießen und das Salz hinzufügen. So lange weiterrühren, bis sich der Karamell vollständig aufgelöst hat, dann die Karamellsahne in eine Schüssel umfüllen, auskühlen lassen und zugedeckt, am besten über Nacht, im Kühlschrank durchkühlen lassen.

2. Für die Eis-Aprikosen die Aprikosen waschen, halbieren und den Kern entfernen. Die Aprikosenhälften in Stücke schneiden, mit Puderzucker, Wein, Amaretto und Zitronensaft in einen Topf geben und 10 Minuten bei schwacher Hitze köcheln lassen.

3. Die Aprikosen samt Kochsud pürieren und durch ein feines Sieb streichen. Das Aprikosenpüree in die Vertiefungen einer speziellen Silikonmatte mit halbrunden Mulden (jeweils 3 cm Durchmesser) oder in Espressotassen füllen und 2 bis 3 Stunden tiefkühlen.

4. Für das Pesto die Basilikumblätter vom Stiel zupfen, waschen, gut trocken schleudern und

mit Öl, Ascorbinsäure und Puderzucker in einem Mixer zu einem feinen Pesto pürieren. Bis zum Anrichten zugedeckt kalt stellen.

5. Die Karamellsahne mit einem Rührgerät dick-cremig aufschlagen und in einen Spritzbeutel mit Lochtülle füllen. Das angefrorene Aprikosenpüree aus den Vertiefungen der Form drücken, jeweils mit einem kleinen Löffel etwas aushöhlen und die Karamellcreme hineinspritzen. Die gefüllten Aprikosen bis zum Servieren im Tiefkühlfach aufbewahren.

6. Die Eis-Aprikosen vor dem Servieren etwa 5 bis 10 Minuten im Kühlschrank antauen lassen, dann mit wenig Fleur de Sel bestreuen und mit dem Pesto garnieren. Sofort servieren.

S. 50
WARENKUNDE Fleur de Sel

Welches Salz passt wozu?

Die Vielfalt der fertig käuflichen und selbst herstellbaren Salze ist riesig. Doch was passt zu welchem Gericht? Die Verwendungsmöglichkeiten im Überblick.

ALAEA-TONERDE-SALZ	Für Suppen, Saucen, Marinaden, Fisch, Gemüse, zum Grillen. Für Salzmühlen und -streuer ungeeignet.
BAMBOO JADE SEESALZ	Passt zu Gerichten der asiatischen Küche. Für Salzmühlen oder -streuer ungeeignet.
BÄRLAUCH-ZITRONENSALZ	Leicht selbst herzustellen. Passt zu kurz gebratenem Fleisch, zu Lamm, Fisch, Kartoffelgerichten und Dips.
BASILIKUMSALZ	Leicht selbst herzustellen. Passt zu Gemüse, vor allem Tomaten, Salat, Fisch und Geflügel.
CHILI-PFEFFER-SALZ	Leicht selbst herzustellen. Passt zu gegrilltem Geflügel, Rindfleisch, asiatischem Salat. Geeignet zum Würzen gerösteter Walnüsse.
DOUGLASIENSALZ	Zum Verfeinern von Wild- und Pilzgerichten.
FENCHELSALZ	Leicht selbst herzustellen. Passt zu Fisch, Krustentieren, Geflügel und Gemüse (z. B. Paprika).
FLEUR DE SEL	Für die kalte Küche, nicht zum Kochen! Für Salzmühlen oder -streuer ungeeignet. Am besten vor Gebrauch in der Handfläche zerreiben.

GEMÜSESALZ	Leicht selbst herzustellen. Passt zu Geflügel, Gemüse und Suppen.
HAWAIIAN BLACK SEA SALT	Passt zu Brat- und Grillgerichten, Jakobsmuscheln, Gemüse. Für Salzmühlen oder -streuer ungeeignet.
HIBISKUSSALZ	Leicht selbst herzustellen. Passt zu kurz gebratenem Wild, gebratenem Fisch, Muscheln und Gebäck.
HIMALAYA-SALZ	Kräftig im Geschmack, daher sehr ergiebig. Feinkörnig als Finish-Salz für alle Speisen geeignet.
HIMBEERSALZ	Leicht selbst herzustellen. Passt zu Fisch, hellem Fleisch und Gebäck.
INGWERSALZ	Leicht selbst herzustellen. Passt zu Lamm, Möhren, Wokgerichten.
JODSALZ	Speisesalz für das Kochwasser.
KAKAOSALZ	Leicht selbst herzustellen. Passt zu gebratener Gänseleber, Kalb, Lamm und gebratenem Fisch.
KALAHARI-SALZ	Als edles Finish-Salz für alle Speisen geeignet.
KOHLESALZ (GRUBENSALZ)	Passt zu Weißbrot, Dips, Muscheln und Fleisch. Vorsichtig dosieren, da sehr intensiv!
KRÄUTER-MEERSALZ	Leicht selbst herzustellen. Passt je nach Kräutern zu entsprechenden Gerichten, z. B. mit Rosmarin zu Lamm. Vorsichtig dosieren, da sehr intensiv!

LAVENDELSALZ	Leicht selbst herzustellen. Passt zu Lamm, Ziege, gebratenem Fisch, Jakobsmuscheln, Kürbis, Kartoffeln, Zartbittermousse, Käse und Gebäck.
LIMETTENSALZ	Leicht selbst herzustellen. Passt zu Geflügel, Fisch, Salat, Dips und Desserts.
MEERSALZ	Grob: für Salzmantel und -teig. Mittelgrob: zur Herstellung eigener Gewürzsalze. Fein: vorwiegend als Tischsalz zum Nachsalzen.
MURRAY RIVER SALT	Passt zu Grillgerichten, kurz gebratenem Fleisch.
NUCHI-MASU	Puderartiges Tafelsalz zum Nachsalzen bei Tisch. Passt zu asiatischen Gerichten und zu Speisen, bei denen Salz sehr fein verteilt werden soll.
OLIVENSALZ	Leicht selbst herzustellen. Passt zu mediterranen Gerichten wie Pasta und Gazpacho.
ORANGENSALZ	Leicht selbst herzustellen. Passt zu Fisch, Geflügel, Kartoffeln und Schokolade.
ORANGENBLÜTENSALZ	Passt zu Fisch, Garnelen, hellem Fleisch, Kartoffeln und Schokolade.
PYRAMIDENSALZ (SCHNEEFLOCKEN-SALZ)	Mildes Tafelsalz, für »on-Top-Finish« für Fleisch und andere Gerichte.
RAUCHSALZ (z.B. SALISH-ALDERWOOD SALZ)	Passt zu Brat- und Grillgerichten, kurz gebratenem Fleisch, Fisch, Eintopf, Saucen, Kartoffeln und Tomaten.

ROSENSALZ	Leicht selbst herzustellen. Passt zu Fisch- und Gemüsegerichten, Sauerkraut, marokkanischer Küche und Quarkspeisen.
ROSMARINSALZ	Leicht selbst herzustellen. Passt zu dunklem Fleisch, Pilzen, Kartoffeln, Käse und pikantem Gebäck.
ROTE-BETE-SALZ	Leicht selbst herzustellen. Passt zu Kalbfleisch, Rindfleisch, Wild.
SELLERIESALZ	Leicht selbst herzustellen. Passt zu Gemüse. Vorsichtig dosieren, da sehr intensiv!
SESAMSALZ (GOMASHIO)	Leicht selbst herzustellen. Passt zu Eiern und asiatischen Gerichten.
THAI-STYLE-WÜRZSALZ	Leicht selbst herzustellen. Passt zu Steak und Pommes frites.
TRÜFFELSALZ	Passt zu Jakobsmuscheln, Geflügel, Teigwaren, Schokolade und Gebäck.
VANILLESALZ	Leicht selbst herzustellen. Passt zu Jakobsmuscheln, Fisch, exotischen oder süßsauren Gerichten, Meeresfrüchten, Gemüse (z. B. Kürbis), Desserts und Gebäck.
WATTLESEED-SALZ	Leicht selbst herzustellen. Passt zu Pasta, Fisch Hummer und Meeresfrüchten.
ZITRONENSALZ	Leicht selbst herzustellen. Passt zu mediterranen Gerichten und Fischgerichten.

Bezugsquellen für Salze

www.bosfood.de
Onlineshop mit breitem Sortiment an Salzen, salzenden und sonstigen Rezeptzutaten, z.B. Hawaiian black sea salt, Alaea-Tonerde-Salz, Murray River Salt, Steinsalz, Fleur de Sel, Maldon sea salt, Rosensalz, Vanillesalz, Hibiskussalz, Trüffelsalz, Lavendelsalz, Nitritpökelsalz, Salzzitronen, Nori-Algen, Wattleseeds, Süßholz, Kakaobohnensplitter etc.

www.essbare-landschaften.de
Kräutersalze auf Meersalzbasis von Basilikum- über Estragon- bis Wildraukensalz, aber auch Kapuzinerkresse-Kapern sowie verschiedene Aromasalze (z.B. Bärlauchsalz, Kamillesalz, Schoko-Chili-Salz).

www.gewuerzamt.com
Alle Gewürze des Sternekochs Ingo Holland. Mit großer Salzauswahl von Steinsalz aus den Alpen bis zu Salzen aus Australien und Hawaii. Gewürzsalze, wie z.B. Orangensalz.

www.goldhahnundsampson.de
Salze von Hawaii bis Mallorca, von Bolivien bis Wales, z.B. Mallorquinische Salzblüte, Maldon sea salt, bolivianisches »sel miroir«, Halen Môn Salz, Rauchsalz, Salzdiamanten aus Kaschmir, Murray River Salt und Luisenhaller Tiefensalz.

www.gourmet-versand.com
Onlineshop, der Meersalze aus Portugal, Spanien, Italien und Frankreich anbietet, sowie Spezialsalze (z.B. Maldon sea salt, Rauchsalz, Nitritpökelsalz) und Wattleseeds.

www.gewuerzkarawane.de
Ausgewählte Salze, z.B. Fleur de Sel von der Algarve, griechisches Meersalz (unbehandelt), Himalaya-Salz, Inkasalz, Rauchsalz, Selleriesalz oder Kräutersalz.

www.genuss7.de
Diverse Meersalze, Kalahari-Salz, Salzkristalle aus Zypern, Fleur de Sel, Rauchsalz, Trüffelsalz, Bleu saphir de Perse, Hawaiian black sea salt, koreanisches Bambussalz etc.

www.hausschlachtebedarf.de
Pökelsalz, Pökelsalz mit Jod, Schinkenspritzmittel für Kochpökelware

www.orlandosidee.de
Von Alaea-Salz bis Pyramidensalz: Shop der neben Gewürzen und essbaren Blüten auch Salze (z.B. Salish Alderwood Salz) anbietet.

www.salmundo.com
Großer Salzshop mit ausgefallenen Spezialitäten wie Nuchi-Masu oder Kalahari-Salz. Meersalz von Alaska bis Zypern, Steinsalz von Afrika bis USA und salzige Geschenkideen.

www.spirit-of-spice.de
Fleur de Sel, Pyramidensalz, Salzmischungen (z.B. Grubensalz) und Gewürzsalze sowie getrocknete Blüten.

www.stromberg-shop.de
Shop mit von Holger Stromberg ausgewählten Produkten, z.B Fleur de Sel aus verschiedenen Ländern sowie Meersalzspezialitäten (z.B. rotes Salz aus Hawaii).

www.weltdergewuerze.de
Schuhbecks Gewürzshop online: son arabischer Patisserie über Küchenutensilien bis hin zu Gewürzen und diversen Salzen.

Register

Register

T

U

V

W

Z

Unsere Spitzenköche ...

BERND AROLD

Zu Recht wird Bernd Arold als Meister fantasievoller Gerichte bezeichnet, der spielerisch mit den verschiedensten Kräutern und Gewürzen umgeht und dabei spannende kulinarische Kreationen schafft. Nach Stationen unter anderem in den »3 Stuben« als Schüler von Stefan Marquard in Meersburg, bei »Käfer« und im »Lenbach« in München setzt er seit Juli 2008 neue kulinarische Maßstäbe in seinem eigenen Restaurant »Gesellschaftsraum« in München.

MARKUS BISCHOFF

Seinen Ruf als hervorragender Koch begründete Markus Bischoff durch seine Arbeit in Spitzenrestaurants wie etwa Eckart Witzigmanns »Aubergine« in München. Sein außergewöhnlicher Stil mit asiatischen, aber auch bayerischen und italienischen Akzenten brachte ihm unzählige Auszeichnungen: Der Gault Millau verlieh ihm 17 Punkte, sein Restaurant schmückte sich mit einem Michelin-Stern. Heute verwöhnt er Gourmets im edlen Clubrestaurant »Bischoff« der Dekra-Hauptverwaltung in Stuttgart.

CHRISTOPH DUBOIS

Als ein »Koch mit hohen Ansprüchen« sammelte er seine Erfahrungen in zahlreichen renommierten Restaurants wie der »Ente« im Wiesbadener Hotel Nassauer Hof, als Küchenchef im schottischen »Kinnaird Estate« sowie als Privatkoch der Milliardärin Heidi Horten. 2008 erfüllte er sich mit der Eröffnung des »Kochatelier Bonn« einen lang gehegten Traum und lässt Hobbyköche seither hautnah an seinen exquisiten und vielseitigen Kochkünsten teilhaben (Informationen unter www.kochatelier-bonn.de).

GERD EIS

Nach seiner Tätigkeit im »Le Val d'Or« bei Johann Lafer arbeitete er sieben Jahre lang in Spitzenrestaurants in Phuket, Bangkok und Hongkong, bis er als Meister der asiatischen Küche in seine Heimat zurückkehrte. In den Folgejahren begeisterte er als Chef de Cuisine im First-Class-Restaurant »Ente« in Wiesbaden mit leichter, weltoffener Küche und wurde für seine Kreationen mit einem Michelin-Stern sowie mit 17 Punkten von Gault Millau ausgezeichnet. Heute gibt Gerd Eis Kochkurse, ist als Privatkoch tätig sowie als Berater.

MARKUS HERBICHT

In seine Kochkunst fließen Erfahrungen aus verschiedenen Spitzenrestaurants und Ländern ein. So arbeitete er zwei Jahre bei Johann Lafer im »Le Val d´Or« und gewann tiefe Einblicke in die asiatische Küche während seiner Tätigkeit in zwei Fünf-Sterne-Hotels in Thailand. Seinen unverwechselbaren mediterranen Kochstil entwickelte er im »Kempinski Resort Hotel Estepona« in Spanien. Heute ist er Küchendirektor bei der Firma »Gastart«, die u.a. die Berliner Restaurants »Borchardt«, »San Nicci« und »Pan Asia« betreibt.

JOHANN LAFER

»Jedes Essen sollte man genießen. Jeden Genuss sollte man zelebrieren. So entsteht Freude.« Diesem Motto ist Johann Lafer, der Meister der Kochkunst, stets treu geblieben. Neben seiner Tätigkeit als Küchenchef des »Le Val d´Or« betreibt er die Kochschule »Table d´Or« sowie das »Stromburg Hotel«. Darüber hinaus tritt er in zahlreichen Kochshows auf und moderiert seine eigene Sendung »Lafer! Lichter! Lecker!« Aktuell besitzt er einen Michelin-Stern, 17 Punkte im Gault Millau und 3,5 F des Feinschmeckers.

CLAUDIA SCHRÖTER

Sie absolvierte ihre Ausbildung im »Goldenen Knopf« in Bad Säckingen, um anschließend kulinarische Erfahrungen in Großbritannien, der Schweiz, Portugal, auf Bali und in Südafrika zu sammeln. Nach weiteren Stationen u. a. bei Dieter Müller in Bergisch Gladbach sowie im Sylter »Landhaus Stricker« ist sie seit 2006 Küchenchefin des Restaurants »Taku« in Köln und erwarb mit ihren Interpretationen der asiatischen Küche 2 F des »Feinschmecker Hotel & Restaurant Guide 2009« sowie 14 Punkte des Gault Millau.

BERND SIENER

Für seine exzellente Ausbildung hat er die halbe Welt bereist. Hierzulande arbeitete er u. a. für Heinz Winkler im »Tantris« in München und im Hotel »Traube-Tonbach« bei Harald Wohlfahrt. Heute verwöhnt er seine Gäste im Restaurant »Bel Etage« (1 Michelin-Stern) in Marburg mit einer saisonalen Produktküche, die Einflüsse der mediterranen und asiatischen Esskultur aufgreift. Dafür verlieh ihm der Feinschmecker 2009 3,5 F, der Focus zählte ihn zu den 50 besten deutschen Küchenchefs.

KLAUS VELTEN

»Kochen ist Kommunikation. Kochen verbindet.« Sätze wie diese spiegeln Klaus Veltens Einstellung zu seinem Beruf wider. Nach langjährigen Stationen im Bonner Restaurant »Herrenhaus Buchholz« und als Privatkoch für die Adelsfamilie Graf von Bismarck und die Milliardärin Heidi Horten, war Velten bisher nicht nur in über 50 Kochsendungen im TV zu erleben, sondern führt seit 2008 mit Christoph Dubois auch seine eigene Kochschule in Bonn-Bad Godesberg (Informationen unter www.kochatelier-bonn.de).

Genehmigte Sonderausgabe 2012

Verlag	© 2009 TEUBNER Grillparzerstr. 12, D-81675 München TEUBNER ist ein Unternehmen des Verlagshauses GRÄFE UND UNZER, GANSKE VERLAGSGRUPPE leserservice@graefe-und-unzer.de www.teubner-verlag.de
Projektleitung, Redaktion	Sonja Ott-Dörfer
Redaktion, Text und Lektorat	Bärbel Schermer
Sonderseitentexte	Ingrid Schindler
Korrektorat	Barbara Holzwarth
Bildredaktion	Sonja Ott-Dörfer, Anne-Sophie Zähringer
Herstellung	Susanne Mühldorfer
Beratung	Bernd Arold, Marc Strittmatter
Rezepte	Bernd Arold, Markus Bischoff, Christoph Dubois, Gerd Eis, Tanja Grandits, Markus Herbicht, Johann Lafer, Claudia Schröter, Bernd Siener, Klaus Velten
Fotografie	Alle Bilder von Matthias Hoffmann, Delmenhorst, und Frauke Koops – Produktion, Styling, Foodstyling (Geesthacht b. Hamburg)
Gestaltungskonzept	independent Medien-Design (München), Janine Polte, Ling Xu
Layout und Satz	Marion Feldmann
Reproduktion	Repromayer, Reutlingen
Druck	Appl, Wemding
Buchbinderei	Conzella, Pfarrkirchen
ISBN der Originalausgabe	978-3-8338-1655-0

BILDNACHWEIS
S. 17: Corbis/Richard T. Nowitz; S. 18: akg-images; S. 20: StockFood/ Peter Medilek; S. 21: akg-images/ British Library; S. 22: akg-images/ Bildarchiv Steffens; S. 23: Corbis/Tim Davis; S. 24: akg-images/ Walter Limot; S. 27: akg-images/ British Library; S. 28: akg-images; S. 29: The Gallery Collection/ Corbis; S. 31: akg-images/ Rainer Hackenberg; S. 32: akg-images/ Schütze/Rodemann; S. 33: Skip Nall/ Corbis; S. 34: akg-images/ Rainer Hackenberg; S. 35: akg-images; S. 37: akg-images/ Catherine Bibollet; S. 36: Corbis/ Chase Swift; S. 39: Corbis/ Nik Wheeler; S. 46: akg-images; S. 66: Corbis/ Alison Wright; S. 79: Artic-Images/ Corbis; S. 98: mauritius images/ imagebroker/ Bahnmueller; S. 100: mauritius images/ age; S. 101: Carlos Cazalis/ Corbis; S. 154: Atlantide Phototravel/ Corbis; S. 169: Bettmann/ Corbis